O QUE É TEMPO COMUM
O QUE É ADVENTO E NATAL
O QUE É PÁSCOA

PE. JOSÉ BORTOLINI

O QUE É SEMANA SANTA

EDITORA
SANTUÁRIO

Direção editorial:
Pe. Fábio Evaristo Resende Silva, C.Ss.R.

Conselho editorial:
Avelino Grassi
Ferdinando Mancilio
Marlos Aurélio
Mauro Vilela
Victor Hugo Lapenta

Coordenação editorial:
Ana Lúcia de Castro Leite

Revisão:
Luana Galvão

Diagramação e Capa:
Junior dos Santos

Dados Internacionais de Catalogação na Publicação (CIP)
(Câmara Brasileira do Livro, SP, Brasil)

Bortolini, José
   O que é Semana Santa / José Bortolini. – Aparecida: Editora Santuário, 2017.

   ISBN 978-85-369-0475-7

   1. Jesus Cristo – Paixão 2. Liturgia 3. Páscoa – Meditações 4. Semana Santa 5. Semana Santa – Meditações I. Título.

16-00003   CDD 263.92

Índices para catálogo sistemático:
1. Semana Santa: Cristianismo 263.92

1ª impressão

Todos os direitos reservados à **EDITORA SANTUÁRIO** — 2017

Rua Padre Claro Monteiro, 342 — 12570-000 — Aparecida-SP
Tel: 12 3104-2000 — Televendas: 0800 16 00 04
www.editorasantuario.com.br
vendas@editorasantuario.com.br

SUMÁRIO

Introdução 9

I. Perguntas mais comuns 13

II. As leituras da Semana Santa
e seus temas importantes 43

1. Domingo de Ramos e da Paixão do Senhor 43

1.1. Na bênção dos ramos 43

1.2. Na missa 46

2. Segunda-feira da Semana Santa 50

3. Terça-feira da Semana Santa 51

4. Quarta-feira da Semana Santa 53

5. Quinta-feira da Semana Santa 54

6. Sexta-feira da Semana Santa 58

7. Vigília Pascal 61

8. Domingo da Páscoa e Ressurreição do Senhor 62

III. Pistas para a espiritualidade da Semana Santa 65
1. Jesus dá a vida livremente...66
2. Espiritualidade do dia que não termina 74

Primeira semana 75

Segunda semana 79

O dia que não termina 80

3. Espiritualidade do homem novo 84

IV. Personagens e seus objetivos na história da Paixão
segundo João 89

Pilatos 89

Herodes Antipas 92

Sinédrio 93

Anás 94

Caifás 94

Chefes dos sacerdotes 95

Coorte 95

Judas Iscariotes 96

Simão Pedro 96

Malco, a porteira, o guarda da bofetada, os guardas 97

Os judeus 99

Barrabás 99

Os dois crucificados com Jesus 100

As três mulheres junto à cruz e o Discípulo Amado 100

O soldado que traspassa o lado de Jesus 101

José de Arimateia e Nicodemos 102

Introdução

Já vai longe a época em que a Semana Santa era tempo de silêncio, participação intensa nas longas cerimônias da Igreja, moderação nos alimentos consumidos... enfim, um período no qual predominava o espírito religioso, marcado pela oração e penitência.

Hoje, Semana Santa tornou-se sinônimo de feriadão, as rodovias ficam abarrotadas de carros fugindo das grandes cidades. Semana Santa passou a ser ocasião de lazer para o corpo. Acessando à internet, deparamos com inúmeras ofertas de viagens, hotéis, pousadas, tudo para o descanso. Indo ao supermercado, o que encontramos? Ovos de Páscoa de todos os tamanhos e preços, colombas pascais e outras criatividades do comércio que não deixa passar em branco uma das mais rentáveis oportunidades de lucro, às vezes a qualquer preço, mesmo que depois seja necessário desovar o estoque a preços bem mais convenientes...

Nas paróquias, uma minoria de esforçados voluntários, quase sempre envolvidos num estressante trabalho de preparação das celebrações, procissões etc. Na televisão, velhos filmes de cunho religioso e notícias de eventos religiosos e tradições que se aproximam mais do folclórico que do religioso. Nas famílias, várias expectativas: feriado na escola e no trabalho, viagens para os que podem viajar, estresse nas estradas, muitos acidentes, brinquedos e doces para as crianças...

Papa Francisco nos pede uma Igreja em saída. O que se percebe em geral é evasão de fiéis. O desafio é a Igreja estar presente onde se refugiaram os que abandonaram a Igreja ou fizeram outras opções em vez de participar de suas celebrações. Mas não adianta ir onde o povo se refugia, camuflando coisas velhas com roupagem atraente. É preciso que o conteúdo seja novo e inovador, e não velho e maquiado de novo. E quem arrisca inovar arrisca também incomodar os que estão posicionados nas coisas antigas e aparentemente irremovíveis.

Vou dar um exemplo, para que nos entendamos melhor. Na paróquia em que exerço meu ministério, moram cerca de 35 mil pessoas. Perto da Semana Santa, promovemos a celebração penitencial, à noite. Consta de preparação prévia, confissão individual – que recomendamos: seja rápida – com absolvição particular. Normalmente somos 5 padres que, em três longas e cansativas horas, conseguimos atender menos de uma centena de fiéis. E os outros? Por que não se apresentaram? E se fossem duzentos, trezentos ou mais, quem resistiria ao cansaço? Quem teria paciência e tempo para aguentar tanta espera?

Outro exemplo: a maioria dos frequentadores das celebrações dessa semana são pessoas idosas e quase sempre de baixa resistência física. E nossas celebrações nesses dias são longas e cansativas. Nós, padres, na maioria das vezes fazemos homilias extremamente longas, pretendendo explicar tudo... Alguns ritos – por exemplo a bênção do fogo novo na Vigília Pascal – perderam muito do seu significado...

Os desafios são muitos e grandes. Não é intenção minha apresentar soluções. Simplesmente pretendo despertar para a realidade em que vivemos. Oxalá juntos encontraremos uma solução para essas questões. Fazer pensar já é um bom começo.

Este livro tem pretensões simples. Em primeiro lugar, tenta-se tirar as dúvidas e esclarecer questões, respondendo às perguntas mais comuns acerca desse tema. A seguir, percorremos as leituras da liturgia da Semana Santa, com breve comentário. Em terceiro lugar, são oferecidas pistas para a espiritualidade desses dias. Com isso, pensamos ajudar aqueles que fazem retiros espirituais durante essa semana ou mesmo na Quaresma. Finalmente, tomando a narrativa da Paixão segundo João, lida na celebração da Sexta-feira Santa, analisamos rapidamente os principais personagens aí envolvidos e seus interesses ou objetivos. A morte de Jesus pode ser vista como um feixe de interesses dos personagens apresentados. No Evangelho de João, Jesus é apresentado como aquele que conhece as pessoas por dentro. Mais modestamente, este pequeno livro ajuda a desenraizar as motivações das pessoas envolvidas.

I

PERGUNTAS MAIS COMUNS

1. O QUE É A SEMANA SANTA?

É a semana mais importante para nós cristãos. Sem ela, não poderíamos chamar-nos cristãos.

2. POR QUE É CHAMADA SANTA?

Nós a chamamos Santa pelo respeito que merece, pois nela celebramos os últimos dias da vida de Jesus nesta terra, antes de sua morte. Ela se inicia no Domingo de Ramos e termina no Sábado Santo. Mas de nada adiantaria celebrá-la se não houvesse o Domingo da Ressurreição. Com esse domingo, ela forma o centro do Ano Litúrgico e da vida da Igreja. Nós, cristãos, ao longo do ano, celebramos muitas coisas. A mais importante delas é o memorial da Paixão, Morte e Ressurreição de nosso

Senhor. O Tríduo Pascal da Paixão e Ressurreição do Senhor ocupa o 1º lugar na ordem de precedência.

3. O QUE CELEBRAMOS NA SEMANA SANTA?

Celebramos realidades essenciais da nossa caminhada como cristãos: a Missa vespertina da Ceia do Senhor; a Sexta-feira da Paixão do Senhor; a Vigília Pascal e o Domingo da Páscoa na Ressurreição do Senhor.

4. O QUE É O TRÍDUO PASCAL?

É o tempo que se inicia na Quinta-feira Santa, na missa da Ceia do Senhor, tem seu centro na Vigília Pascal e encerra-se com as Vésperas do Domingo da Ressurreição. Antes do Tríduo Pascal, celebra-se o Tempo da Quaresma, que começa na Quarta-feira de Cinzas e termina na Quinta-feira Santa, quando começa a Missa da Ceia do Senhor.

5. QUAIS SÃO AS CORES LITÚRGICAS DA SEMANA SANTA?

Como sabemos, as cores ajudam a entender o sentido do momento em que são usadas. Na Semana

Santa, o vermelho é usado no Domingo de Ramos e na Sexta-feira Santa; o branco aparece na Missa da Ceia do Senhor (Quinta-feira Santa), Vigília Pascal e Domingo da Ressurreição do Senhor. Na segunda, terça e quarta dessa semana, está prescrito o roxo, cor que caracteriza o Tempo da Quaresma.

6. QUAIS AS LEITURAS BÍBLICAS DESSES DIAS?

A Palavra de Deus é abundante nesse período: Domingo de Ramos e da Paixão do Senhor: na bênção dos ramos: Ano A: Mateus 21,1-11; Ano B: Marcos 11,1-11 (ou João 12,12-16); ano C: Lucas 19,28-40. Missa: Isaías 50,4-7; Filipenses 2,6-11; Ano A: Mateus 26,14-27,66; ano B: Marcos 14,1-15,47; ano C: Lucas 22, 14-23,56. Segunda-feira da Semana Santa: Isaías 42,1-7; João 12,1-11. Terça-feira da Semana Santa: Isaías 49,1-6; João 13,31-33.36-38. Quarta-feira da Semana Santa: Isaías 50,4-9a; Mateus 26,14-25. Missa vespertina na Ceia do Senhor (entardecer da Quinta-feira da Semana Santa): Êxodo 12,1-8.11-14; 1 Coríntios 11,23-26; João 13,1-15. Sexta-feira da Semana Santa: Isaías 52,13-53,12; Hebreus 4,14-16; 5,7-9; João 18,1-19,42. Vigília Pascal: Gênesis 1,1-12; Gênesis 22,1-18; Êxodo 14,15-

15,1; Isaías 54,5-14; Isaías 55,1-11; Baruc 3,9-15.32-4,4; Ezequiel 36,16-17a.18-28; Romanos 6,3-11; Ano A: Mateus 28,1-10; ano B: Marcos 16,1-8; ano C: Lucas 24,1-12. Domingo da Páscoa e Ressurreição do Senhor: Atos dos Apóstolos 10,34a.37-43; Colossenses 3,1-4 (ou 1 Coríntios 5,6b-8); João 20,1-9.

7. POR QUE A DATA DA PÁSCOA MUDA A CADA ANO E COMO SABER QUANDO OCORRE?

A data da Páscoa muda a cada ano, e, a partir dela, organizam-se as celebrações a ela associadas, como a Quarta-feira de Cinzas e o Tempo da Quaresma, as celebrações do Tempo Pascal etc. Para estabelecer a data da Páscoa, observam-se as fases da lua. Você pode notar que por volta da Semana Santa temos sempre lua cheia. Pois bem, a Páscoa acontece no domingo após a lua cheia de março. No hemisfério norte, no dia 21 de março começa a primavera. Para nós do hemisfério sul, essa data marca o início do outono. A Páscoa, portanto, acontece sempre depois do dia 21 de março, no domingo após a lua cheia desse mês. Isso foi determinado no Concílio de Niceia, no ano 325, considerado o primeiro concílio universal. No hemisfério norte, é início da primavera, quando a natureza se reveste de vida e tudo renasce, convidando a ressurgir também. Para nós, no hemisfério sul, a natureza se recolhe e nós colhemos os frutos produzidos no verão.

8. EM ALGUMAS BÍBLIAS, FALA-SE DE HORA NONA... COMO ENTENDER ESSE TIPO DE HORÁRIO?

É muito simples. Nós iniciamos a contagem do dia a partir da meia-noite. No tempo de Jesus, por influência dos romanos, que dominavam a Palestina, começava-se a contagem do dia a partir das 6 da manhã. A hora nona, normalmente tida como a hora da morte de Jesus, corresponde às 3 da tarde em nosso horário.

9. QUAIS SÃO AS PRÁTICAS DE PIEDADE MAIS COMUNS NA SEMANA SANTA?

A resposta a essa pergunta começa na Quarta-feira de Cinzas, início da Quaresma, quando, no Evangelho de Mateus, Jesus nos instrui acerca de três coisas: a esmola, a oração e o jejum. São as três dimensões da nossa vida e seus relacionamentos: a esmola me leva à relação com meu semelhante, solidarizando-me com ele, partilhando a vida e os bens que a sustentam; a oração me põe em contato com Deus e me leva a uma vida de escuta daquilo que ele me pede; o jejum me faz olhar para dentro de mim, eu comigo mesmo. Na Semana Santa, essas três realidades estão muito presentes na vida do cristão. Costuma-se também rezar a Via-sacra, percorrendo várias etapas da paixão e morte do Senhor Jesus.

10. É PRECISO JEJUAR NA SEMANA SANTA?

Na Quaresma e Semana Santa, temos dois dias de jejum e abstinência: a Quarta-feira de Cinzas e a Sexta-feira Santa. Há pessoas que fazem do jejum um cavalo de batalha. É preciso lembrar que há várias formas de jejuar e vários modos de se abster de comer carne. De acordo com o Evangelho de Marcos, o jejum é para marcar a ausência do noivo, Jesus. O jejum, portanto, assume também o aspecto de denúncia: Jesus está ausente da nossa sociedade e isso faz falta, diminui a vida, assim como o jejum prolongado tem poder de diminuir. O Evangelho de Mateus, ao falar de jejum, alerta para o fato de não transformar isso num marketing pessoal, a fim de ser reconhecido e elogiado pelos outros. No Evangelho de Lucas, Jesus reprova a exibição do fariseu, que declara jejuar duas vezes por semana. Jesus era judeu, e os judeus, ainda hoje, jejuam uma vez ao ano, no *Yom Kippur*, o Dia do Perdão.

11. Por que na Sexta-feira Santa e Sábado Santo não há missa?

Porque a missa é essencialmente o memorial da paixão, morte e ressurreição do Senhor Jesus. E na missa celebramos o Cristo ressuscitado. É aquilo que proclamamos após a consagração: "Anunciamos, Senhor, a vossa morte, e proclamamos a vossa ressurreição...". Nos dias indicados está faltando o elemento-chave, a ressurreição. Por isso não se celebra a missa.

12. O que é memorial?

Há diferença entre *memória* e *memorial*. Memória é a recordação de algo passado que não se repete necessariamente no presente. Memorial é reviver esse passado no presente. É memória viva, atual e atualizada. A missa não é simplesmente memória; é memorial.

13. Por que na celebração da Sexta-feira Santa o padre se prostra no chão?

A celebração desse dia, normalmente às 15 horas (hora da morte de Jesus), começa com a prostração de quem preside (a assembleia se ajoelha), seguida de profundo silêncio. A prostração é gesto raro na Liturgia (comparece aqui e nas ordenações). O silêncio tenta traduzir os sentimentos daquele momento. É como quando ficamos sem palavras diante de um fato que as palavras não conseguem explicar. É uma mistura de consternação, perplexidade, respeito, adoração... diante da grandeza da ação de Jesus e da crueldade humana...

14. POR QUE A ADORAÇÃO DA CRUZ NESSE DIA?

A celebração desse dia (não é missa!) consta de três partes: Liturgia da Palavra (seguida da oração universal), adoração da cruz; comunhão. Costumou-se chamar a segunda parte de "adoração da cruz". Na verdade, não se trata de adoração, mas de apresentação da cruz, de onde veio a nossa redenção. O apóstolo Paulo diz, numa de suas cartas, que todos nós devemos gloriar-nos na cruz de nosso Senhor Jesus Cristo. Para o Evangelho de João, a cruz é o trono do Rei. Os hinos cantados durante essa parte da celebração ajudam a entender melhor a importância desse gesto. Finalmente, deve-se lembrar que é impossível separar estas duas realidades: Jesus e a cruz.

15. POR QUE JUDAS TRAIU JESUS? ELE SE SALVOU? O QUE PENSAR DA PRÁTICA DA MALHAÇÃO DO JUDAS?

O desfecho de Judas Iscariotes é trágico. Aliás, temos duas narrativas da morte de Judas, e elas não combinam entre si. A primeira (Mateus 27,3-5) afirma que se arrependeu daquilo que fez, devolveu o dinheiro aos chefes dos sacerdotes e anciãos e foi enforcar-se, ato raro na Bíblia. A outra narrativa se encontra no início dos Atos dos Apóstolos (1,15ss) e conta que ele, "caindo de cabeça para baixo, arrebentou pelo meio, derramando-se todas as suas vísceras". Com isso dá a entender que se jogou de algum precipício ao encontro da morte. O Evangelho de João nos ajuda a entender melhor a situação. Lá, Judas é chamado de ladrão: roubava aquilo que pertencia a todos, pois carregava a bolsa do grupo (João 12,6), que continha os poucos recursos para a sobrevivência deles. Judas, portanto, é movido pela ganância, pelo demônio da posse, totalmente alheio aos ideais de Jesus e seus seguidores. Ele era o tipo de pessoa que, em vez de administrar os bens, deixava-se dominar por eles. No caso de Judas, o dinheiro o possuía, e ele aceitava ser seu escravo. O Evangelho de Mateus (26,14-16) mostra Judas aceitando o preço da traição: trinta moedas de prata (siclos), ou seja, a quantia correspondente ao preço da vida de um escravo (veja Êxodo 21,32). O fato merece consideração: um escravo do dinheiro, por apego a ele, subavalia a vida das pessoas. Para ele, a vida de Jesus valia tanto quanto a vida de um escravo.

Isso nos faz lembrar os dias de hoje: mata-se por uma ninharia: uma correntinha, um par de tênis, um celular, um relógio...

Voltando ao Evangelho de João, no início do capítulo 13, encontramos a cena do Lava-pés. Jesus certamente lavou os pés de Judas, como lavou os pés dos outros, em sinal de serviço, de entrega e de amor levado às últimas consequências. Depois disso, ainda durante a ceia, declarou que um deles o trairia (13,21). Ao Discípulo Amado Jesus revela quem será o traidor: aquele a quem ele der o pedaço de pão umedecido no molho. Nos banquetes daquele tempo, era costume o dono da festa dar um pedaço de pão passado no molho à pessoa preferida, o "amigo do peito". E o pedaço de pão vai para Judas. Diante de todos, Jesus, com esse gesto, declara amor preferencial por Judas Iscariotes. Mas Judas não aceitou o amor, que Jesus manifestou por ele. De fato, não se diz que o traidor *comeu* o pão, como sinal de aceitação, mas afirma-se simplesmente que *pegou* o pão e saiu (13,27). E Satanás (palavra hebraica que significa *adversário*) entrou nele.

Jesus esgotou todos os recursos para que Judas não se perdesse, mas a todos ele recusou, preferindo jogar no time adversário, no campo do traidor e daqueles que se deixam possuir pelo dinheiro. Assim vemos o estrago que acontece com quem se deixa dominar pelo ídolo do dinheiro: torna-se seu escravo fiel e não receia entregar vidas inocentes, pois o ídolo é um vampiro insaciável, devorador de vidas humanas. Há fortes indícios de que Judas foi até o fim em sua submissão ao ídolo que exige vidas inocentes e, nessa submissão, teria encontrado a morte. Mas quem somos nós para medir com nosso metro os planos e a misericórdia de Jesus, que amou até as últimas consequências do amor? (Veja João 13,1).

A malhação de Judas é ato folclórico de tradição portuguesa e espanhola. Consiste na confecção de um boneco (Judas) condenado por um júri pela traição de Jesus e queimado ou feito explodir no Sábado de Aleluia. É tradição que vai desaparecendo. Às vezes, costuma-se associar o boneco a algum personagem (quase sempre político) de conduta execrável, que o povo gostaria de ver explodir. No tempo de adolescentes, nós nos divertíamos redigindo e publicando o "testamento" que Judas deixava para as pessoas que considerávamos criticáveis. Falando sério, parece que a herança de Judas continua passando para muitos herdeiros mundo afora, pois tem inúmeros seguidores, até mesmo entre aqueles que o malham.

16. O que é a Via-Sacra?

Costuma-se, durante a Quaresma, rezar a Via-Sacra (= caminho sagrado) como prática de piedade. É a reconstrução do provável caminho percorrido por Jesus após ter sido condenado à morte por Pôncio Pilatos. Consta de 14 estações, da condenação ao sepultamento. Algumas dessas estações não se acham registradas na Bíblia, como as três quedas de Jesus e o fato de uma mulher (Verônica) enxugar-lhe o rosto, sendo recompensada com um fato extraordinário: o rosto de Jesus impresso no pano.

17. O que é o Canto da Verônica?

Numa das várias procissões dessa semana, costuma-se introduzir, como parte de uma estação da Via-Sacra, justamente a estação na qual Verônica enxuga o rosto de Jesus, sendo por ele recompensada com a impressão de sua face no pano. Verônica, normalmente vestida de preto e acompanhada por coral também vestido dessa forma, canta melodia triste, tirada do livro das Lamentações, enquanto vai desenrolando o pano com a sagrada face impressa. O texto do canto é a única vez que o livro das Lamentações é citado nas celebrações da Igreja: "Vós todos que passais pelo caminho, olhai e vede: se há dor igual à dor que me atormenta" (Lamentações 1,12). O coral acrescenta: "Olhai, povos do mundo, se há dor semelhante à minha!" No livro das Lamentações, a queixa vem da cidade de Jerusalém destruída, personificada numa mulher abandonada por seu esposo (Deus).

18. QUAIS SÃO AS PRINCIPAIS PROCISSÕES DESSA SEMANA?

Ao longo da Semana Santa, dependendo do lugar, há várias procissões. A caminhada sempre faz bem, para o corpo e para o espírito. Seu dia também é variável, assim como sua origem. Algumas são antigas, outras mais recentes. As mais recentes costumam atravessar a noite, com cantos e rezas ou em silêncio. Caminha-se até determinado lugar, muitas vezes subindo morros, onde se encerram com uma celebração e bênção. A mais antiga e tradicional é a procissão prevista pela Liturgia, abrindo as celebrações da Semana Santa: a Procissão de Ramos. Nela se rememora o dia em que nosso Senhor entrou em Jerusalém aclamado pelo povo. No decorrer da semana, dependendo do lugar, são realizadas outras: Procissão dos Passos, Procissão do Encontro, Procissão do Senhor morto (sexta-feira) e, no domingo, a Procissão da Ressurreição. A procissão da Sexta-feira é a mais concorrida, fruto de espiritualidade calcada na compaixão e sofrimento. É preciso, ainda, muito trabalho de conscientização para que o impacto da Sexta-feira seja superado pela vitória da vida na ressurreição do Senhor.

19. EXISTE UM CRITÉRIO NA ESCOLHA DOS RAMOS PARA A PROCISSÃO DO DOMINGO QUE ABRE A SEMANA SANTA?

A entrada de Jesus em Jerusalém é narrada pelos 4 evangelistas. Erroneamente, alguns pensam que os ramos devam ser *somente* de oliveira. Vejamos o que dizem os Evangelhos: **1.** Mateus 21,8: "A numerosa multidão estendeu suas vestes pelo caminho, enquanto outros cortavam ramos das árvores e os espalhavam pelo caminho". **2.** Marcos 11,8: "Muitos estenderam as vestes pelo caminho, outros puseram ramos que haviam apanhado nos campos". **3.** Lucas 19,36: "Enquanto Jesus avançava, o povo estendia suas vestes no caminho". **4.** João 12,12-13a: "No dia seguinte, a grande multidão que viera para a festa, sabendo que Jesus vinha a Jerusalém, tomou ramos de palmeira e saiu ao seu encontro, clamando".

Não se fala de ramos de oliveira. Quaisquer ramos são, portanto, bem-vindos. Depois de abençoados, nós os guardamos como lembrança da maior prova de amor que o mundo conheceu. Além disso, queimam-se os ramos, e as cinzas vão servir para a cerimônia da Quarta-feira de Cinzas do ano seguinte.

20. POR QUE COBRIR OS SANTOS NA QUARESMA?

É tradição antiga, e hoje pouco usada, cobrir com pano roxo (símbolo da penitência e contrição) as imagens durante o tempo da Quaresma. É a tentativa para que a atenção se concentre no evento central da nossa fé, sem distrações. Mas é lícito perguntar: O que chama mais a atenção e pode levar à distração: cobrir ou não cobrir as imagens? Além disso, será que os santos nos distraem? Acaso não se tornaram santos justamente por seguir a Jesus até a morte?

21. POR QUE A MATRACA E NÃO O SINO?

Em primeiro lugar, é preciso dizer que ambos não são essenciais para a celebração. Atribui-se ao toque do sino um caráter de festa e de alegria. Isso é verdade somente em parte, pois em muitos lugares, sobretudo no interior, os sinos tocam também quando alguém morre ou é levado ao cemitério. A matraca, com seu som difícil de definir, seria mais propícia para o clima da Semana Santa. Além disso, cria certa expectativa alegre para o momento em que, na Vigília Pascal, acontecer a explosão de alegria com o canto do Glória acompanhado do toque do sino.

22. O QUE É O SERMÃO DAS SETE PALAVRAS?

No passado, ele desafiava a resistência da oratória e a paciência dos ouvintes. Hoje é muito raro encontrar um lugar onde isso é praticado. Seu dia é a Sexta-feira Santa, normalmente durante a cerimônia em que se rememora a morte do Senhor Jesus. É uma pregação longa, baseada em sete frases pronunciadas por Jesus na cruz. Essas frases são tiradas dos Evangelhos e são assim distribuídas:

1. *"Pai, perdoa-lhes: não sabem o que fazem"* (Lucas 23,34). Palavras dirigidas ao Pai.
2. *"Em verdade te digo: hoje estarás comigo no Paraíso"* (Lucas 23,43). Palavras dirigidas ao ladrão arrependido.
3. *"Mulher, eis teu filho... Eis tua Mãe!"* (João 19,26.27). Palavras dirigidas à mãe de Jesus e ao Discípulo Amado.
4. *"Tenho Sede!"* (João 19,28). Palavras de Jesus.
5. *"Eloi, Eloi, lemá sabachtáni? – Meu Deus, meu Deus, por que me abandonaste?"* (Marcos 15,34; Mateus 27,46).

Palavras de Jesus dirigidas ao Pai. É o começo do Salmo 22.

6. *"Tudo está consumado!"* (João 19,30). Últimas palavras de Jesus no Evangelho de João.

7. *"Pai, em tuas mãos entrego o meu Espírito!"* (Lucas 23,46). Palavras dirigidas ao Pai. São tiradas do Salmo 31,6.

23. POR QUE A AUSÊNCIA DO HINO DE LOUVOR (GLÓRIA) NA QUARESMA E SEMANA SANTA? POR QUE A AUSÊNCIA DO ALELUIA?

Antes de tudo, é bom orientar os encarregados dos cantos a respeito disso, a fim de evitar tumultos na celebração – como já presenciei – decorrente do não cumprimento dessa norma. A ausência do Glória e do Aleluia na Quaresma e Semana Santa quer marcar um aspecto importante desse tempo, que é tempo de sobriedade, penitência, contrição. Recomenda-se sobriedade também no uso dos instrumentos musicais e na ornamentação do ambiente com flores. Tudo isso cria a expectativa do canto do Glória e do Aleluia na Vigília Pascal.

24. Por que, em alguns lugares do Brasil, colhe-se macela na madrugada da Sexta-feira Santa?

Macela ou marcela é um arbusto de hastes aveludadas e flores amarelas, muito usadas em chás de bons resultados. Nasce e cresce em lugares de acesso geralmente difícil. Não é cultivada, mas colhida no lugar em que nasce e cresce. Há uma tradição antiga afirmando que, para bons resultados, ela deve ser colhida na madrugada da Sexta-feira Santa, antes que o sol apareça, quando ainda está coberta de orvalho, pois ele recorda as lágrimas que Cristo derramou pelos pecadores. Cabe ao leitor avaliar a consistência dessa prática e dessa afirmação. O chá de marcela é excelente para a saúde.

25. Em alguns países há pessoas que se fazem crucificar. O que pensar disso?

Em primeiro lugar, é de se admirar a coragem dessas pessoas que enfrentam tanto sofrimento. Em segundo lugar, é preciso que nos perguntemos se Deus pede que façamos isso. É lícito também questionar se essa é a melhor forma de celebrar a Semana Santa. Na Bíblia, encontra-se a *Carta aos Hebreus*. Aí se afirma que o sacrifício de Jesus foi realizado *uma vez para sempre*, e seu valor é perene, isto é, nunca perde a validade. Na *Carta aos Gálatas*, o apóstolo Paulo afirma *estar crucificado com Cristo*, mas isso não em sentido real, e sim simbólico, querendo significar plena comunhão com os sentimentos de Cristo, como afirma em outro escrito, a *Carta aos Filipenses*. Em outro texto, a *Carta aos Colossenses*, ele afirma estar com seu sofrimento completando o que falta às tribulações de Cristo pelo seu Corpo, que é a Igreja. Isso, porém, não quer dizer que a redenção de Cristo esteja incompleta. Incompleto está o itinerário de Paulo, apóstolo e evangelizador, que tem pela frente muitos desafios e sofrimentos para levar a termo a evangelização, identificando-se dessa forma a Cristo.

26. EM ALGUMAS PARTES DO PAÍS ACONTECE A PROCISSÃO DOS FLAGELANTES: PESSOAS QUE SE FEREM COM CHICOTES ATÉ O SANGRAMENTO...

Isso parece ser fruto de uma espiritualidade da abundância do sangue derramado. É herança vinda de Portugal e Espanha, marcada por um princípio que soa mais ou menos assim: quanto mais sangue, maior espiritualidade. Aquilo que foi dito acima a respeito das pessoas que se fazem crucificar vale também aqui. Deus não pede isso. Mais adiante, falaremos da espiritualidade adequada para esse tempo. Não se deve esquecer desta realidade: ninguém se salva ou se santifica sem o próprio corpo. Ele é o nosso veículo com o qual caminhamos no rumo da salvação e da santificação. Flagelar o próprio corpo pode parecer algo bom, uma prova de religiosidade praticada por pessoas simples, que receberam dos antepassados essa herança. Mas em nenhum lugar da Bíblia encontramos suporte para essa prática. Ela pode tranquilamente ser abandonada e substituída por outra que valorize o corpo como santuário da Santíssima Trindade.

27. QUAL O SENTIDO DO LAVA-PÉS NA QUINTA-FEIRA SANTA?

Na Missa da Ceia do Senhor (Quinta-feira Santa), após a homilia, celebra-se o rito do Lava-pés, recordando o gesto do Senhor Jesus lavando os pés dos discípulos. Mas esse gesto arrisca tornar-se puro folclore se não for entendido e realizado em profundidade, pois as pessoas que representam os apóstolos já tomaram banho e lavaram os pés. E o pouco de água derramada nos pés deles é insuficiente para lavá-los, caso estivessem sujos, como estavam os pés dos doze apóstolos. O que fazer, então? Talvez seja necessária breve catequese, explicando o sentido do gesto realizado por Jesus, gesto não apenas de *humildade*, mas de *serviço*. Jesus se despoja e se esvazia de todo poder (tira o manto, que representa a realeza), e veste uma toalha (avental), que é sinônimo de serviço gratuito e desinteressado. Ele faz aquilo que faziam os *escravos* não judeus para seus patrões judeus. Um judeu não lavava os pés de outro judeu. Era tarefa de mulheres – esposa ou filhas – e de escravos pagãos. Daí se entende a reação de Simão Pedro, muito enclausurado num tipo de sociedade na qual há servidores para servir e senhores para serem servidos. Ele não aceita a inversão total provocada por Jesus. E o Mestre lhe diz que se não aceitar essa nova visão de valores, não terá parte com Jesus.

O núcleo central desse gesto simbólico na missa não deve escapar para que o Lava-pés não caia em mero formalismo ou ato folclórico. Quem entra para o serviço litúrgico da Igreja deve entrar com esse espírito de serviço, e não com a pretensão de ser servido. E note-se um pormenor: O Evangelho não mostra Jesus tirando a toalha do serviço, dando a entender que o Lava-pés é apenas o início de um serviço que termina na cruz, quando ele exclama: "Tudo está consumado". (Veja outros detalhes adiante.)

28. É CERTO REALIZAR O BATISMO DENTRO DA VIGÍLIA PASCAL?

É certo e altamente recomendável, pois todos os grandes significados do batismo encontram a plenitude na Vigília Pascal. Por questões práticas, costuma-se batizar somente jovens e adultos. Desde o início do cristianismo, o batismo esteve associado à morte e ressurreição de Jesus. Por exemplo, nas comunidades ligadas ao apóstolo Paulo, batizava-se da seguinte maneira: à beira de um reservatório de água, o candidato mergulhava totalmente, representando a morte para o passado, e voltava à tona, representando a ressurreição em Jesus, a vida nova, os relacionamentos novos banhados pela ressurreição de Jesus. A pessoa batizada recebia também um mandato: trabalhar para que não houvesse mais desigualdade entre os seres humanos.

29. QUAL O SENTIDO DA BÊNÇÃO DO FOGO NOVO NA VIGÍLIA PASCAL?

Compreende-se melhor esse rito se imaginarmos como era difícil antigamente conseguir fogo. A bênção do fogo novo torna-se clara partir dos seguintes dados: **1.** É o início da Celebração da Luz. Quando já escureceu, e estando apagadas todas as luzes, inicia-se a Celebração da Luz. **2.** O círio pascal – símbolo do Cristo ressuscitado – aceso no fogo novo, avança na escuridão dissipando as trevas. E a partir do círio, acendem-se todas as velas que os fiéis têm consigo. Durante o batismo, acendem-se nele as velas. **3.** A oração da bênção do fogo diz assim: "Ó Deus, que pelo vosso Filho trouxestes àqueles que creem o clarão da vossa luz, santificai este novo fogo. Concedei que a festa da Páscoa acenda em nós tal desejo do céu, que possamos chegar purificados à festa da luz eterna". **4.** Além disso, podemos associar todas as propriedades positivas do fogo: alimentação, aquecimento, purificação etc.

30. O QUE É O CÍRIO PASCAL?

É aquela vela enorme acesa no fogo novo da Vigília Pascal. Representa o Cristo ressuscitado. Aceso, avança na escuridão, dissipando as trevas. A partir dele e nele são acesas todas as velas que os fiéis carregam. Ele é previamente preparado a cada ano. Tem uma cruz, que recorda a cruz de Cristo. Na haste vertical estão gravadas a primeira e a última letras do alfabeto grego (alfa e ômega), dando a ideia de ontem e hoje; a haste horizontal representa o princípio e o fim. Nele estão gravados os quatro algarismos do ano em curso. O primeiro representa o tempo; o segundo, a eternidade; o terceiro, a glória e o poder que pertencem ao Cristo; o quarto algarismo representa a perpetuidade. No círio são inseridos cinco cravos, representando as cinco chagas de nosso Senhor: três na haste vertical da cruz e dois na horizontal. Como se vê, é uma coluna simbólica e altamente catequética. Mais adiante, quando na Vigília se abençoa a água, o círio é nela mergulhado, fecundando-a, de modo que, no batismo, ela dá à luz novos fiéis em Cristo. O círio permanece junto do altar por todo o tempo pascal, sendo aceso em todas as celebrações. Após a missa de Pentecostes, é retirado, e será aceso quando se celebrarem os batizados.

31. O QUE ACONTECEU COM JESUS DEPOIS QUE FOI PRESO?

Há um vazio na informação a respeito do que aconteceu com Jesus depois de ter estado no palácio do Sumo Sacerdote Caifás. Os Evangelhos narram que ele compareceu diante de Pilatos, o governador romano, na manhã seguinte, dia em que foi crucificado. Mas ignora-se o que aconteceu com ele durante o resto da noite. Provavelmente ficou preso no palácio de Caifás. Vamos ver o que dizem os Evangelhos. Mateus, Marcos e

Lucas: Jesus foi preso e logo conduzido a Caifás, quando foi julgado, condenado e aconteceram as negações de Pedro. Na manhã seguinte, foi levado ao governador. João: Jesus foi preso, *conduzido a Anás*, Sumo Sacerdote aposentado – nesse ínterim, aconteceram *as negações de Pedro* –, e enviado a Caifás. Na manhã seguinte, foi levado a Pilatos. É provável que o mais exato seja João, pois Anás, sogro de Caifás, havia sido Sumo Sacerdote nos anos 6 a 15, e Caifás do ano 18 ao 36. O sumo sacerdócio não era, como antigamente, função que passava de pai para filho. Os dominadores romanos davam esse título e esse encargo a quem fazia a vontade deles (e pagasse mais). Entre o governo de Anás e o de Caifás, houve três sumos sacerdotes nomeados pelos dominadores. O evangelista João deve ser mais exato porque o velho Anás, embora aposentado, manipulava seu genro Caifás. Nesse Evangelho, Caifás aparece como figura decorativa.

32. O QUE ERA O SINÉDRIO?

Era o supremo tribunal dos judeus no tempo de Jesus. Seu presidente era o Sumo Sacerdote. Foi o Sinédrio quem condenou Jesus à morte; mas nesse tempo os romanos haviam tirado dele o poder de executar uma pessoa. Por isso o Sinédrio força Pilatos, colocando-o contra a parede, para que conceda licença de sentenciar Jesus. O Sumo Sacerdote era, evidentemente, a suprema autoridade religiosa. O Sinédrio se compunha de aproximadamente setenta homens, agrupados em chefes dos sacerdotes, anciãos, doutores da Lei e fariseus.

33. O JULGAMENTO DE JESUS ACONTECEU LOGO APÓS SUA PRISÃO?

O Sinédrio não podia reunir-se à noite, mas, de acordo com o Evangelho de João, Jesus é considerado réu de morte logo no começo, por exemplo, no capítulo 5 desse Evangelho. Aquilo que aconteceu naquela noite foi uma farsa, pois a decisão estava tomada há tempo. Os outros Evangelhos parecem ter perspectiva diferente.

34. JESUS CARREGOU A CRUZ INTEIRA OU APENAS PARTE DELA?

Estamos acostumados a ver e representar Jesus carregando a cruz inteira, mas provavelmente não foi assim. No lugar da execução, já havia postes prontos para receber os condenados, de sorte que Jesus deve ter carregado somente a trave superior. Ela era amarrada nos braços abertos (em alguns casos já pregada) do condenado. Isso não diminui nem atenua a crueldade assustadora desse fato, que revela a que ponto pode chegar a desumanidade do ser humano.

35. Por que a Campanha da Fraternidade durante a Quaresma?

No Brasil, durante a Quaresma, celebra-se a Campanha da Fraternidade, com tema específico a cada ano. É uma realidade mais que cinquentenária. Os temas querem associar fé e vida, fé e compromisso na transformação social, oração e ação concreta para vencer os grandes inimigos que nos ameaçam: injustiças, situações de carência, desafios que o mundo apresenta etc. Tem mostrado grandes benefícios para a vida do povo, como o surgimento, a partir dela, de novos ministérios e pastorais.

36. Para muitos, Páscoa é chocolate, coelhinho e ovos...

E não é algo errado associar esses elementos à Páscoa. Aliás, é possível fazer deles elementos catequéticos. Vamos ver isso de perto. Tomado com moderação, o *chocolate* traz grandes benefícios à saúde. E Jesus veio ao mundo para que todos tenham vida abundante. O chocolate vem de uma planta, cujo fruto é o cacau. Na catequese, podemos abordar esse tema, os desafios da cultura desse produto, agradecer a Deus a inteligência humana que transforma o cacau em delícias...

O *coelho* é símbolo de fecundidade, pois procria constante e abundantemente. Por que não aproveitar essa ocasião para mostrar que a fecundidade é fruto da bênção divina, como nos narra o Gênesis, quando Deus criou o ser humano, abençoou-o e o fez fecundo? Às vezes, pode acontecer que descuidamos o essencial e nos agarramos ao acessório, por exemplo, ao acreditar que rabo de coelho dá sorte...

O *ovo* é a maior célula viva. Nós somos resultado de maravilhoso encontro de um ovo (óvulo) com um espermatozoide. E isso proporciona desbravar temas sem-fim. Com uma pitada de criatividade, é possível transformar esse *alimento* em artesanato. Ovo é sinônimo de vida!

37. É POSSÍVEL CELEBRAR ECUMENICAMENTE A SEMANA SANTA?

Todas as Igrejas cristãs têm a morte e ressurreição de Jesus como centro de seu existir como Igreja. Seria muito interessante pensar e realizar juntos o mistério central da nossa fé. Em alguns lugares do nosso país, celebram-se alguns momentos juntos. Mas as distâncias são ainda muito grandes, assim como as divergências. Não é raro acontecer – sobretudo no interior e nas pequenas cidades – uma espécie de competição entre a procissão dos católicos, que percorre as ruas, e o culto barulhento dos evangélicos em seus templos.

II

AS LEITURAS DA SEMANA SANTA E SEUS TEMAS IMPORTANTES

Neste capítulo, retomando as leituras bíblicas da Semana Santa, proponho breves temas que poderão ser usados e desenvolvidos nas homilias, nas catequeses ou tomados para reflexão pessoal. Não é minha intenção esgotar os temas. Simplesmente os suscitar, motivando a caminhada.

1. Domingo de Ramos e da Paixão do Senhor

1.1. Na bênção dos ramos

Lê-se o Evangelho correspondente ao ano litúrgico em vigor. Os quatro evangelistas narram a entrada de Jesus em Jerusalém, com variação de detalhes. Mas há um núcleo comum: Jesus entra em Jerusalém montado num jumentinho.

Ano A: Mateus 21,1-11. Para o evangelista Mateus, Jesus é o rei que veio para fazer justiça. O tema da justiça, que faz surgir o Reino, está espalhado por todo o Evangelho (cf. 3,15; 5,6.10; 6,33 etc.). Porém, esse rei justo, que implantará a justiça, fazendo assim o Reino se manifestar, não é como os reis violentos do passado nem como os poderosos do presente. Os reis do Israel antigo montavam mulas, ao passo que o rei Jesus entra em Jerusalém montado num jumentinho, cavalgadura dos juízes no período anterior à instalação da monarquia em Israel. Assim agindo, realiza o anúncio do profeta Zacarias (9,9-10), que soa assim: "Exulta muito, filha de Sião! Grita de alegria, filha de Jerusalém! Eis que o teu rei vem a ti: ele é justo e vitorioso, humilde, montado sobre um jumento, sobre um jumentinho, filho da jumenta. Ele eliminará os carros de Efraim e os cavalos de Jerusalém; o arco de guerra será eliminado. Ele anunciará a paz às nações. O seu domínio será de mar a mar e do Rio às extremidades da terra". Jesus, o rei pacífico que traz a paz e instaura a justiça do Reino, entra em Jerusalém acolhido pela multidão. A cidade se agita, como se agitou no passado, por ocasião da escolha do novo rei, Salomão, cujo nome faz pensar em *shalom*, paz (cf. 1 Reis 1), como se agitou quando os magos aí chegaram perguntando onde nasceu o rei dos judeus (cf. Mateus 2,1ss). A aclamação "Hosana" no início era provavelmente uma súplica: "Salva-nos". O rei que vai fazer justiça vem das periferias e é visto como profeta.

Ano B: Marcos 11,1-11 (ou *João 12,12-16*). Marcos é provavelmente um texto de catequese que prepara os catecúmenos para o batismo. Passo a passo vai respondendo à pergunta: "Quem é Jesus?", compondo grandioso mosaico, que só estará completo após a ressurreição. Ele, para salientar a novidade do fato, afirma que ninguém antes havia montado o jumentinho. Jesus, portanto, traz uma novidade. Sem citar Zacarias, mas supondo-o, Marcos mostra o povo aclamando *o reino que vem, o reino de nosso pai Davi*, ou seja, a chegada do rei justo, prometido a Davi (veja 2 Samuel 7), *e que vem em nome do Senhor*. O Evangelho de João salienta que o povo sai de Jerusalém ao encontro de Jesus (é um pequeno êxodo). Nesse Evangelho, ao contrário daquilo que contam os sinóticos, o Jesus adulto esteve outras vezes em Jerusalém, por ocasião de grandes festas. E na cidade fez ações que marcaram a vida das pessoas, como a expulsão dos comerciantes que traficavam no Templo (cf. João 2,13ss). Talvez por isso João mostre o povo saindo da cidade ao encontro do rei pacífico. Além disso, diferentemente de Mateus e Marcos, relata que Jesus estava sentado num jumentinho que ele próprio encontrou. Cita parte de Zacarias 9,9 e salienta a incompreensão dos discípulos em relação ao fato, só entendido como realização das Escrituras após a ressurreição de Jesus.

Ano C: Lucas 19,28-40. Lucas, que escreve seu Evangelho para os não judeus, gosta de apresentar Jesus como aquele que cria e inaugura o caminho da paz. Por isso o mostra caminhando à frente dos discípulos, como faziam os mestres naquele tempo, e subindo para Jerusalém. O fato de caminhar à frente revela a firme resolução tomada em 9,51ss. Quem aclama Jesus é a multidão dos discípulos, e o faz "cheia de alegria", tema recorrente nesse Evangelho (veja, por exemplo, 1,44; 2,10; 15,5-6; 19,6 etc.). A aclamação da multidão envolve os temas *rei, paz* e *glória* (compare a aclamação dos discípulos com a dos anjos por ocasião do nascimento de Jesus em 2,17). É próprio de Lucas o episódio em que alguns fariseus pedem a Jesus para que repreenda os discípulos que aclamam, assim como a resposta de Jesus: "Se eles se calarem, as pedras gritarão".

1.2. Na missa
Isaías 50,4-7. Na Semana Santa, predomina como primeira leitura o profeta Isaías e, sobretudo, os 4 textos conhecidos como "Cantos do Servo do Senhor" ou

"Cânticos do Servo sofredor". Nesta missa, lê-se o terceiro canto. Mais que servo (profeta), ele assume a função de sábio que aprende, com docilidade, as instruções de Deus, a fim de realizar a missão a ele confiada. O servo sofredor é figura enigmática, difícil de ser identificada. Os primeiros cristãos viram nele um anúncio de Jesus, servo fiel e obediente (veja a 2ª leitura), que realiza o projeto de Deus. E a Liturgia acolheu essa identificação.

Filipenses 2,6-11. É talvez o hino cristológico mais importante de toda a Bíblia. Narra as disposições de vida (sentimentos) de Cristo Jesus. O hino mostra que a glorificação de Jesus e seu senhorio universal têm como antecedentes o despojamento de toda prerrogativa, o esvaziamento completo, até chegar ao fundo do poço da degradação humana: a morte na cruz. A humildade e o despojamento caminham à frente da glória.

Ano A: Mateus 26,14-27,66. A forma mais longa da narrativa da paixão e morte de Jesus segundo Mateus começa com a traição de Judas. O traidor entra em cena várias vezes, em postura contrária ao Mestre da justiça. O tema parece ser importante para esse evangelista, que endereça seu Evangelho a judeus vivendo em dificuldades fora da Palestina, perseguidos pelas lideranças judaicas e constantemente tentados a trair a fé em Jesus, o Mestre da nova compreensão e prática da justiça, que faz surgir o Reino de Deus. Uma das preocupações de Mateus, portanto, é ressaltar que Jesus é o Filho de Deus e o Juiz que irá julgar a história e os homens. Essa declaração feita perante o Sinédrio soa como blasfêmia para os membros do Conselho. O final da narrativa demonstra que a decisão tomada contra Jesus é extremamente frágil, a ponto de as autoridades judaicas providenciarem guardas para vigiar o túmulo de Jesus.

Ano B: Marcos 14,1-15,47. A preocupação de Marcos é mostrar *quem é Jesus.* Ele o faz passo a passo, compondo um quadro espetacular que estará completo na ressurreição. Paralelamente a essa questão, o evangelista tenta traçar o *perfil do discípulo* de Jesus, mas esbarra sempre na incompreensão, cegueira e resistência das pessoas, incluindo os discípulos. Finalmente, quando Jesus morre, um pagão, o chefe dos soldados que crucificaram Jesus, faz a confissão de fé tão esperada pelo evangelista, mas omitida pelos personagens que se encontraram com o Senhor ao longo de todo o Evangelho. O centurião declara: "Verdadeiramente este homem era Filho de Deus". A declaração desse homem enlaça-se com a primeira frase desse Evangelho: "Início da Boa Notícia de Jesus

Messias, Filho de Deus". Um pagão faz a declaração mais importante de todo o Evangelho de Marcos.

Ano C: Lucas 22,14-23,56. O tema acenado acima – "o caminho da paz" – repercute com força na narrativa da paixão segundo Lucas, tornando-se um dos temas principais. Por exemplo: Jesus recompõe a orelha direita do servo do Sumo Sacerdote, que havia sido decepada por um dos discípulos; por causa de Jesus, Herodes e Pilatos se tornam amigos; a caminho do Calvário, Jesus consola as mulheres de Jerusalém; na cruz, promete o Paraíso ao malfeitor arrependido etc. Outro tema importante, entre muitos, é a oração de Jesus na cruz. De acordo com Lucas, diferentemente dos outros evangelistas, Jesus reza o Salmo 31: "Pai, em tuas mãos entrego o meu Espírito". Ao morrer, Jesus devolve ao Pai o Espírito que agiu constantemente nele. Vamos ver isso de perto. No início do Evangelho de Lucas há uma movimentação intensa do Espírito. Ele toma posse de três homens (Zacarias, João Batista e Simeão) e de três mulheres (Maria, Isabel e Ana, chamada de profetisa – os profetas são movidos pelo Espírito). A sétima pessoa é Jesus, sobre o qual o Espírito desce e do qual toma posse no batismo. Na sinagoga, Jesus cita Isaías, afirmando que o Espírito está sobre ele e o ungiu para a missão. A partir desse momento, o Evangelho de Lucas não fala do Espírito, pois ele está presente nas palavras e ações de Jesus. É pelo Espírito que ele fala e age. Portanto, a oração do Salmo 31, na cruz, não é mera citação de um texto. Rezando-o na hora da morte, Jesus está devolvendo ao Pai o Espírito que sempre agiu nele.

2. SEGUNDA-FEIRA DA SEMANA SANTA

Isaías 42,1-7. É o primeiro dos quatro cantos do Servo do Senhor, personagem difícil de identificar e que os primeiros cristãos viram plenamente realizado em Jesus (o começo desse hino repercute no batismo de Jesus: "em quem tenho prazer"). O poema salienta a missão do Servo: implantar a justiça em nível mundial, sem ser espalhafatoso, sem fazer violência ao fraco e sem desanimar. Além de sustentá-lo, Deus o torna aliança e luz, dando vista aos cegos e liberdade aos presos.

João 12,1-11. O episódio é conhecido como "a unção em Betânia", após a ressurreição de Lázaro. Cada um dos três irmãos representa um aspecto da relação com Jesus. Lázaro, que está sentado à mesa, é sinônimo de comunhão profunda; Marta, que está a serviço (diaconia), fala da dimensão pastoral; Maria esbanja gratidão (pela ressurreição do irmão) ao ungir com perfume os pés de Jesus, enxugando-os com os cabelos. Intimidade, serviço, gratidão. A cena se concentra no último aspecto, criticado por Judas Iscariotes, que alega que teria sido melhor vender o perfume para ajudar os pobres. Mas o Evangelho o desmascara, chamando-o de ladrão. A gratidão perfuma o agraciado (Jesus), mas perfuma também quem a pratica (Maria). O episódio é exclusivo do Evangelho de João. É inútil querer associá-lo à cena de Marta e Maria do Evangelho de Lucas; é inútil também associá-lo ao episódio da prostituta do capítulo 7 de Lucas. A palavra de Jesus: "Sempre tereis pobres convosco..." não deve levar ao conformismo e à resignação, pois é uma citação do Deuteronômio, que manda abrir as mãos e o coração em favor do irmão empobrecido. Não se trata, portanto, de acomodação, mas de ação. A cena termina com uma decisão dramática: as autoridades judaicas decidem eliminar também Lázaro, pois se tornou chamariz, ou seja, atraiu as pessoas a Jesus.

3. TERÇA-FEIRA DA SEMANA SANTA

Isaías 49,1-6. É o segundo canto do Servo do Senhor. Ele quer que sua declaração seja ouvida por todos, e o conteúdo da declaração contém informações acerca da sua vocação e missão. Elas estão inscritas no Servo antes do seu nascimento. A missão é comparada à seta afiada e penetrante, ou seja, ele será portador de mensagem contundente. Ele deve congregar não somente o povo de Deus, mas também as nações. O Servo tem a sensação de ter trabalhado em vão. Os primeiros cristãos viram em Jesus a realização plena desse Servo. De fato, ele declara que, ao ser levantado da terra, atrairá todos a si.

João 13,31-33.36-38. Depois que Judas Iscariotes abandonou a ceia, Jesus declarou que ele, o Filho do Homem, foi glorificado, e Deus foi glorificado nele. O tema da glória, que marca toda a segunda parte do Evangelho de João (capítulos 13-20), resplandece na cruz com toda a intensidade, culminando na ressurreição. Jesus anuncia sua iminente partida e a impossibilidade de os discípulos o acompanharem momentaneamente. Simão Pedro, cheio de boas intenções, protesta declarando estar pronto a dar a vida pelo Mestre. Jesus, porém, responde-lhe que o seguimento de Pedro acontecerá mais tarde; por ora, o discípulo não amadureceu o suficiente, e Jesus não pede a vida de ninguém (para o desenvolvimento deste tema, veja o próximo capítulo). Anuncia-se a traição de Simão Pedro: "O galo não cantará sem que me renegues três vezes". Simão Pedro, no Evangelho de João, sofre vários percalços. Excetuando-se a declaração do final do capítulo 7, ele é figura da pessoa que tem de refazer completamente seus conceitos a respeito de Jesus. Parece ser esse o sentido da troca de nome feita por Jesus no capítulo 1: "Tu te chamarás Cefas". Na Bíblia, muitas vezes o nome aponta a identidade ou a missão da pessoa. E Pedro é essa pessoa que, após vários tropeços (no Lava-pés, na tríplice negação do Mestre, perdendo a corrida para o Discípulo Amado na manhã da ressurreição), finalmente se encontra como discípulo no capítulo 21, declarando amor incondicional ao Senhor, amor traduzido em zelo pastoral pelo rebanho que não lhe pertence. Aí Jesus lhe diz: "Segue-me". É o começo da sua vocação e do seu seguimento.

4. Quarta-feira da Semana Santa

Isaías 50,4-9a. É o terceiro canto do Servo do Senhor (veja a 1ª leitura do Domingo de Ramos). Aqui o texto é mais longo, e os versículos finais falam da proteção que Deus oferece ao Servo e da coragem deste para levar adiante a missão que lhe foi confiada. Sem dúvida, a linguagem faz pensar num contexto de tribunal. O Servo desafia quem quer que seja a mover ação contra ele perante o juiz, pois é inabalável sua confiança na proteção e defesa do Senhor. A Liturgia certamente quis com isso estabelecer uma ponte com a cena dos Evangelhos (particularmente Mateus), na qual Jesus comparece diante das autoridades judaicas (Sinédrio) e romana (Pilatos). As acusações contra ele não se sustentam, Jesus é declarado inocente (sobretudo no Evangelho de João), mas mesmo assim é condenado.

Mateus 26,14-25. O trecho contém três cenas: Judas Iscariotes combinando com os chefes dos sacerdotes o preço da entrega de Jesus; os preparativos para a ceia pascal e, durante a ceia, o anúncio da traição de Judas. Jesus é entregue por trinta siclos (342 gramas) de prata. De acordo com Êxodo 21,32, esse era o preço pela vida de um escravo. A quantia foi estipulada pelos chefes dos sacerdotes e aceita por Judas, sinal de que ambos nutrem pouco apreço pela vida de uma pessoa. Os outros evangelistas não mencionam o preço da traição. Mateus é o único evangelista explícito na identificação do traidor. Escondendo sua intenção, Judas pergunta se por acaso o traidor é ele, e Jesus lhe responde: "Tu o disseste".

5. Quinta-feira da Semana Santa

Com a Missa vespertina da Ceia do Senhor (entardecer da Quinta-feira) começa o Tríduo Pascal. Nesse dia, comemoram-se três eventos importantes: a instituição da Eucaristia, a instituição do sacerdócio cristão e o novo mandamento: "Amai-vos como eu vos amei". Após a Missa, tiram-se as toalhas do altar, e as hóstias consagradas na Missa são levadas em procissão a um lugar adequado. Lá os fiéis passam a noite ou parte dela em adoração ao Santíssimo.

Êxodo 12,1-8.11-14. É a narrativa do surgimento da Páscoa judaica. Na verdade, páscoa (palavra hebraica que significa *passagem*) tem origem remota e, primeiramente, estava associada à época em que os pastores com seus rebanhos mudavam de pastagem com a chegada da primavera, quando nasciam as crias. Eles costumavam derramar sangue de cordeiro ao redor do acampamento a fim de afastar os espíritos maus, que prejudicavam a fecundidade das fêmeas. O povo de Deus se apoderou desse rito antigo, celebrando com ele a passagem da escravidão egípcia para liberdade, a passagem do Anjo exterminador, inofensiva para as casas marcadas com sangue do cordeiro, e a grande travessia do mar Vermelho. Essa adaptação foi feita mais tarde, e no tempo da reforma do rei Josias (ano 622) associou à páscoa a festa dos Ázimos (pães sem fermento), dando a seguinte explicação: naquela noite gloriosa não deu tempo para que o pão fermentasse. Os hebreus tiveram de sair às pressas. A narrativa do surgimento da Páscoa judaica fala de liberdade, partilha, determinação, saída.

1 Coríntios 11,23-26. As cartas de Paulo surgiram todas antes que fossem escritos os Evangelhos. Portanto, o texto é a mais antiga narrativa da instituição da Eucaristia, a Ceia do Senhor. Paulo ensinou a iniciá-la com uma refeição comum, para a qual cada um levava algo para ser partilhado. Mas os ricos se recusavam a comer os alimentos trazidos pelos pobres, e estes ficavam privados de algo mais sofisticado, pois os ricos não sabiam esperar a chegada dos pobres (provavelmente escravos domésticos, ou escravos que trabalhavam nas minas ou nos dois portos da cidade) e comiam aquilo que tinham levado. Paulo tentou corrigir essa distorção, narrando a instituição da Eucaristia, na qual o Senhor partilha com os outros o pão que é seu corpo e o cálice que é seu sangue. Eucaristia é escola de partilha, solidariedade e fraternidade.

João 13,1-15. Curiosamente, no dia em que celebramos a instituição da Eucaristia, encontramos esse trecho do Evangelho de João, que não registra, como os outros, a instituição da Eucaristia. Não se celebra a Ceia do Senhor, e, sim, seu significado, traduzido no gesto do Lava-pés. Esse não é simples ato de humildade, mas de serviço. Toda a cena é explicação do primeiro versículo. Jesus, antes de sua Páscoa, sabendo que havia chegado a hora de passar deste mundo ao Pai, tendo amado os seus, que estavam no mundo, amou-os até as últimas consequências do amor. Jesus, iniciada a refeição, levanta-se da mesa, despoja-se do manto (que representa suas prerrogativas de Senhor e Rei), toma uma bacia com água e uma toalha (avental) e começa a fazer – porque ama até as últimas consequências – aquilo que deviam fazer os escravos para seus patrões ou a esposa e filhas para seu marido e pai: lavar os pés. Não se diz por onde começa, para não revelar nenhuma prioridade. Mas narra-se a intervenção de Simão Pedro, que entende bem a radical mudança que está sendo feita. Ele se recusa a aceitar que o Mestre lave os pés dos discípulos, quebrando a hierarquia e a escala de valores. Jesus lhe faz ver sua total ignorância ("não sabes") e lhe diz que a compreensão virá mais tarde, como de fato acontece (veja o capítulo 21). Garante-lhe que, se não entender e exercer o poder como *serviço*, não terá nada em comum com Jesus. Dura repreensão e desfecho de uma opção. Quando acaba, sozinho, de lavar os pés dos discípulos, Jesus volta a seu lugar à mesa, retomando o manto. Não se fala que tenha tirado a toalha (avental), e isso é muito significativo: por baixo do poder há o serviço. E podemos dizer mais, se deixarmos a fantasia correr. O avental do serviço é tirado quando, no dia seguinte, Jesus é despojado de suas vestes. Aí termina seu serviço. De fato, suas últimas palavras no Evangelho de João são estas: "Tudo está consumado". Portanto, o Lava-pés é apenas o começo da expressão "amou até o fim". E a morte na cruz é o desfecho final.

6. SEXTA-FEIRA DA SEMANA SANTA

Isaías 52,13-53,12. É o quarto canto do Servo sofredor. Esse longo poema põe em cena Deus e um grupo anônimo. Ambos falam do Servo, que conscientemente enfrenta a dor e a rejeição até a morte, mas por causa disso é glorificado. Deus fala a respeito do Servo; o grupo lamenta não ter entendido a tempo o significado da sua dor; Deus fala da glorificação do servo. Os primeiros cristãos logo entendem que esse poema, até nos pormenores, encontra realização plena em Jesus Cristo.

Hebreus 4,14-16; 5,7-9. O texto pertence a uma seção mais ampla que fala do sacerdócio de Cristo. Pode ser resumida nestas palavras: Jesus Cristo, Sumo Sacerdote fiel na sua relação com Deus e misericordioso em relação à humanidade. Ele experimentou a condição humana, o sofrimento. Fez-se obediente e modelo de obediência, que suscita a salvação.

João 18,1-19,42. A narrativa da paixão segundo João é rica e complexa. Aqui apresento apenas alguns temas que considero importantes, sem desenvolvê-los. **1.** *Jesus é o Homem Novo.* A narrativa começa num jardim e se encerra num jardim. O jardim recorda Éden, onde o primeiro homem – Adão – foi derrotado pela serpente. Vencendo a serpente, Jesus é o Novo Homem, sua ressurreição é a vitória sobre todo mal. O centro dessa visão é quando Pilatos apresenta Jesus, dizendo: "Eis o Homem"! **2.** *Jesus dá a vida livremente.* No capítulo 10, ele afirma: "Ninguém tira a minha vida. Eu a dou livremente". Por isso, logo no início da narrativa da paixão, ele se apresenta espontaneamente: Não precisa que Judas o identifique por meio do beijo-senha. Além disso, Jesus carrega a própria cruz, sem mencionar a ajuda do Cireneu. Ele faz tudo sozinho, como no episódio dos pães (capítulo 6) e na cena do Lava-pés (capítulo 13). **3.** *Jesus é inocente.* Por três vezes Pilatos o declara inocente. Apesar disso, ele e os chefes judeus o condenam à morte, ressaltando assim a virulência do poder político (Pilatos) e do poder religioso (lideranças judaicas): Pilatos condena o inocente para não perder o poder; os chefes religiosos judeus escolhem o violento (Barrabás) e transtornam a Lei: "Nós temos uma lei... ele deve morrer". **4.** *Jesus é o Juiz.* Porém, como afirma várias vezes anteriormente, ele não condena ninguém. Simplesmente provoca as pessoas a um autojulgamento. Confrontando-se com ele, as pessoas se descobrem como realmente são. É emblemático o episódio no qual Pilatos faz Jesus sentar-se na cadeira do juiz (não é Pilatos quem senta na cadeira do presidente do tribunal). Sem dizer palavra alguma, Jesus provoca as autoridades judaicas a revelarem quem são: "Não temos outro rei a não ser César". Elas pertencem ao imperador romano, são seus servos... **5.** *Jesus é o Rei.* O tema atravessa toda a narrativa, mas é mais evidente em algumas cenas: Na conversa com Pilatos; no silêncio a respeito das cusparadas (não são mencionadas) e na omissão do lamento "Meu Deus... por que me abandonaste?"; na quantidade de aromas usados para seu sepultamento (mais de 30 quilos; só os reis tinham esse privilégio). Sobretudo na visão de conjunto, que faz da cruz o trono de onde ele reina. Ao lado dele não há bandidos, mas seguidores... **6.** *Jesus amou até o fim.* Essa frase, dita antes do Lava-pés, encontra aqui seu ápice. As últimas palavras de Jesus em João são estas: "Tudo está consumado". O avental do Lava-pés é tirado aqui, junto com suas vestes. O lado aberto pela lança e a água que sai após o sangue... **7.** *A herança do filho mais velho, do Rei.* O Rei entrega seu patrimônio (as vestes repartidas em quatro partes = para o mundo inteiro). O testemunho entregue como herança (os discípulos é que devem dar testemunho dele). A Mãe para dela cuidar e para que ela, junto com o Espírito, não deixe os discípulos na orfandade ("Não vos deixarei órfãos").

7. Vigília Pascal

É chamada "mãe de todas as vigílias". E uma de suas características é a abundância de leituras (sete do Antigo Testamento e duas do Novo), com os respectivos salmos de resposta (hino após a terceira e aclamação ao Evangelho depois da epístola). São a tentativa de apresentar uma síntese da história da salvação, que tem o ápice na ressurreição de nosso Senhor. Assim, começa-se com Gênesis 1,1-12, a primeira narrativa da criação. Aí, por sete vezes, diz-se que Deus gostou daquilo que criou: "viu que era bom, muito bom". Então, passa-se para o exemplo emblemático de Abraão prestes a sacrificar Isaac como prova de obediência a Deus (Gênesis 22,1-18). Muitos autores viram em Isaac a figura de Cristo, sobretudo quando se faz uma leitura tipológica do acontecimento. A terceira é Êxodo 14,15-15,1. Narra a passagem do mar Vermelho, formando unidade com o hino que celebra a vitória da liberdade. A quarta (Isaías 54,5-14) e a quinta (Isaías 55,1-11) são tiradas do Segundo Isaías (capítulos 40-55), profeta que viveu na Babilônia com a missão de sustentar a esperança do povo na libertação da escravidão com o consequente retorno à pátria. A sexta (Baruc 3,9-15.32-4,4) é um apelo dirigido a Israel para que tire as lições do exílio babilônico, pois a sabedoria era sua prerrogativa. A sétima (Ezequiel 36,16-17a.18-28) ressalta a misericórdia de Deus, que liberta o povo do cativeiro babilônico, onde também Ezequiel se encontra, *apesar da teimosia, da resistência e da profanação do nome divino* por parte de Israel. A libertação, portanto, é ato gratuito do Deus, que honra seu próprio nome. A epístola (Romanos 6,3-11) afirma que, ao ser batizado, o cristão se identifica com Cristo em sua morte e ressurreição. O Evangelho (Ano A: Mateus 28,1-10; ano B: Marcos 16,1-8; ano C: Lucas 24,1-12) narra a ressurreição de Jesus, com algumas constantes e as peculiaridades de cada um (constantes: túmulo vazio, as mulheres como primeiras testemunhas, a menção da Galileia etc.; peculiaridades: terremoto em Mateus, o silêncio medroso das mulheres em Marcos, o descrédito dos discípulos diante do testemunho delas em Lucas etc.).

8. Domingo da Páscoa e Ressurreição do Senhor

As leituras desse domingo são sempre as mesmas todos os anos. Os Atos dos Apóstolos comparecem como primeira leitura até a festa de Pentecostes.

Atos dos Apóstolos 10,34a.37-43. Tirada da visita de Pedro à casa da família de um pagão, Cornélio, essa leitura faz uma síntese da vida de Jesus, passando por sua morte e ressurreição. Pedro, que relutou entrar na casa de um pagão – mais adiante será criticado por ter feito isso – "se converte" antes mesmo de anunciar o Ressuscitado a uma família não judia. Seu testemunho vem de sua conversão ao Ressuscitado.

*Colossenses 3,1-4 (*ou *1 Coríntios 5,6b-8).* A pessoa que recebeu o batismo e se tornou cristã forma uma coisa só com Cristo ressuscitado; sua vida, o modo de ver as coisas, de pensar e de agir mudam radicalmente. A pessoa continua buscando, mas a partir do batismo busca algo novo, as coisas do alto, de Cristo, que está junto de Deus.

João 20,1-9. Vários temas importantes estão condensados nesse Evangelho: **1.** O começo de um novo tempo, do dia que não termina (veja o próximo capítulo). **2.** As dificuldades e resistências dos primeiros cristãos – aqui representados por Maria Madalena e Pedro – em aceitar a ressurreição de Jesus. **3.** O túmulo vazio não é prova de ressurreição e não suscita a fé no Ressuscitado. **4.** Corre mais depressa e chega antes quem ama mais (o Discípulo Amado). **5.** O Discípulo Amado vê as mesmas coisas que Pedro vê, e até menos que Pedro, mas tira conclusões positivas: a morte não mata o amor; ao passo que Pedro – que ainda não ama – sai perplexo, sem acreditar. **6.** O amor gera a fé na ressurreição, e não o contrário. Quem ama sabe que a morte não mata o amor. Senão, o que seria daquele do qual foi dito: "Deus é amor"?

III

PISTAS PARA A ESPIRITUALIDADE DA SEMANA SANTA

Neste capítulo, proponho algumas pistas para a espiritualidade da Semana Santa, tendo por base o Evangelho de João e, mais especificamente, sua narrativa da paixão, morte e ressurreição. Não pretendo esgotar o assunto. Simplesmente ajudar as pessoas a encontrar o caminho certo.

Cada evangelista narrou, a seu modo, a história da paixão do Senhor. Trata-se de descobrir as motivações que o levaram a narrar a seu modo, ou seja, trata-se de descobrir os objetivos que tinha. Evidentemente, por trás de cada narrativa, há anos, décadas de vivência, pois, antes de aparecer por escrito, a história da paixão de Jesus foi vivida por muitas comunidades. Aquilo que encontramos escrito em cada Evangelho é fruto de experiências e vivências de gerações.

Aqui, limito-me ao Evangelho de João. A narrativa da paixão e morte, descrita por ele, é lida sem cortes na Sexta-feira Santa, ao passo que as narrativas dos outros evangelistas aparecem – normalmente na forma breve – no Domingo de Ramos, em forma de rodízio: Ano A: Mateus; ano B: Marcos; ano C: Lucas.

Eis alguns temas joaninos.

1. JESUS DÁ A VIDA LIVREMENTE

Para o evangelista João, Jesus não foi vítima de um acidente. À parte o complô das autoridades judaicas, que queriam vê-lo morto, é preciso considerar o seguinte. Já no capítulo 10 desse Evangelho – capítulo do bom pastor –, ele afirma sem sombra de dúvida: "Eu dou minha vida pelas minhas ovelhas... Por isso o Pai me ama, porque dou minha vida para retomá-la. Ninguém a tira de mim, mas eu a dou livremente. Tenho poder de entregá-la e poder de retomá-la; este é o mandamento que recebi do meu Pai" (10,15b.17-18).

Essa afirmação explica uma porção de coisas nesse Evangelho e muda também nossa postura diante do fato, suscitando uma espiritualidade diferente daquilo que tradicionalmente pensamos, como veremos.

Isso talvez explique a ausência, nesse Evangelho, dos anúncios da paixão presentes nos outros, sendo substituídos por afirmações como esta: "Deus amou tanto o mundo, que entregou o seu Filho único, para que todo o que nele crê não pereça, mas tenha a vida eterna" (3,16). Entende-se melhor, também, a afirmação de 12,24: "Se o grão de trigo que cai na terra não morrer, permanecerá só; mas se morrer, produzirá muito fruto".

Jesus, portanto, livremente dá a própria vida. Não precisa do apoio ou incentivo de outros. Esse detalhe repercute, por exemplo, no episódio dos pães (capítulo 6) e no Lava-pés (capítulo 13). Em ambos os casos, ele faz tudo sozinho. Na cena dos pães, distribui sozinho para cinco mil pessoas, informação que não deve ser tomada literalmente: a ação teria demorado dias. No Lava-pés ele não é ajudado por ninguém. Faz tudo sozinho, o que é menos improvável. O fato de fazer tudo sozinho repercute também na ausência do Cireneu para ajudá-lo a carregar a cruz. Talvez por isso o Evangelho de João evita falar da agonia de Jesus no jardim. Lucas, por exemplo, chega a dizer que Jesus suou sangue. Para João, não há agonia.

Os exemplos se multiplicam. Vamos recordar mais alguns episódios. Na ceia de despedida, Jesus anuncia sua partida, revelando que por ora os discípulos não podem segui-lo. Simão Pedro protesta, dizendo: "Por que não posso seguir-te agora? Darei a minha vida por ti" (13,32b). Jesus, talvez compadecido de Simão Pedro, responde-lhe em tom melancólico: "Darás a tua vida por mim? Em verdade, em verdade, eu te digo: o galo não cantará sem que me renegues três vezes". Jesus não pede a vida de ninguém; o que ele pede dos seus seguidores é bem diferente (veja adiante).

Outra cena exemplar acontece no início do capítulo 18, no jardim. Ele não se esconde, não pede que o Pai afaste dele esse cálice (como em outros Evangelhos), mas se apresenta corajosamente, dizendo aos que o procuram: "Sou eu". Isso por duas vezes. Na segunda vez, acrescenta: "Se, então, é a mim que procurais, deixai que estes se retirem" (18,8). E o narrador acrescenta que nesse momento se cumpria a palavra: "Não perdi nenhum dos que me deste" (18,9), fazendo eco à oração que dirigiu ao Pai (cf. 17,12).

Logo a seguir, no mesmo cenário, Jesus repreende Simão Pedro, que decepa a orelha do servo do Sumo Sacerdote, ordenando-lhe guardar a espada e perguntando: "Deixarei eu de beber o cálice que meu Pai me deu?" (18,10-11).

Outra cena ausente em João, mas presente, por exemplo, em Lucas 22,61-62, refere-se às negações de Pedro. Durante seu julgamento, após o anunciado canto do galo, o Senhor se volta para Pedro, e este, tocado profundamente por aquele olhar e pelo anúncio que o Mestre lhe faz, sai e chora amargamente. Lucas vê aí o arrependimento e a "conversão" de Pedro. Para o Evangelho de João, isso acontece mais tarde, como veremos.

A partir desses exemplos, torna-se muito claro o perfil de Jesus no Evangelho de João: ele dá livremente a vida e, por isso, não precisa do "apoio" dos discípulos, como se tivéssemos de morrer com ele, como afirma Tomé em 11,16: "Vamos também nós, para morrermos com ele".

Qual é, portanto, a postura do discípulo, ou seja, a nossa atitude diante do Jesus, que dá livremente a vida? Aqui nasce um aspecto importante da espiritualidade joanina.

Para esclarecer essa pergunta e traçar o perfil do discípulo, vamos ao primeiro capítulo do Evangelho de João. Em 1,35ss, narra-se como dois discípulos de João Batista (um deles é André e o outro fica no anonimato), diante do testemunho de João Batista, que aponta para Jesus chamando-o de "Cordeiro de Deus", abandonam o mestre e vão atrás de Jesus. Este lhes pergunta o que estão procurando, e eles respondem querer saber onde Jesus mora. Ele os desafia a ir e ver. Eles vão, veem e *permanecem com* ele aquele dia. Nota-se, desde já, que o verbo *permanecer* tem grande importância no Evangelho de

João. Mas não basta *permanecer com* ele. É preciso ir além. E assim se chega ao capítulo 15, na metáfora da videira e dos ramos. Aí, insistentemente, fala-se de *permanecer em*, numa comunhão íntima de sentimentos e projetos alimentados pelo amor, a fim de produzir frutos. A videira precisa dos ramos para produzir frutos, e Jesus precisa dos discípulos para a missão, como veremos.

A pessoa que entendeu isso se chama Discípulo Amado, figura que comparece somente no Evangelho de João. Quem é? Historicamente, um seguidor de Jesus que, provavelmente, percorreu este caminho: inicialmente ligado ao Templo de Jerusalém (em João 18,16 se afirma que era conhecido do Sumo Sacerdote), mas deve ter-se afastado e seguido João Batista (seria, então, o discípulo sem nome de 1,35-36) e, por causa do testemunho do seu mestre, teria seguido a Jesus.

O Discípulo Amado aparece no Evangelho de João a partir do capítulo 13, na ceia de despedida, e revela-se logo muito íntimo de Jesus. À mesa, ele está a seu lado e pode reclinar-se sobre o peito de Jesus, desfrutando de sua intimidade. Jesus lhe revela quem será o traidor (13,22-30), e Simão Pedro precisa da mediação do Discípulo Amado para ter acesso à intimidade de Jesus.

Daí por diante, essas duas figuras contrastam entre si. Na história da paixão, o Discípulo Amado acompanha

Jesus (*permanece em*) até o interior do palácio do Sumo Sacerdote. Pedro, por sua vez, fica fora *permanecendo com* os guardas que prenderam Jesus e aquecendo-se ao redor de uma fogueira. O Discípulo Amado quer introduzir Pedro, mas ele passa pela porta negando ser discípulo de Jesus. Ele não entendeu ainda que Jesus não lhe pede para morrer com ele. Simplesmente deveria *permanecer em* comunhão, em sintonia com ele.

Assim, entende-se melhor por que, na manhã da ressurreição, Simão Pedro perde a corrida ao túmulo. O Discípulo Amado chega antes não porque é mais jovem, mas porque ama. E o amor é mais forte que a morte. Entende-se, também, por que o Discípulo Amado chega antes ao túmulo, mas deixa Pedro entrar primeiro, pois precisa reconciliar-se e encontrar-se no amor. O Discípulo Amado vê dentro do túmulo as mesmas coisas que Pedro vê, e tira uma conclusão: o amor venceu. Por isso crê. Pedro, porém, permanece mergulhado na escuridão, pois ainda não ama (cf. 20,1-10). E todos nós sabemos que o amor gera a fé.

No capítulo 21, as duas figuras estão novamente juntas, e, finalmente, Pedro se encontra, ou seja, torna-se Discípulo Amado. Vão pescar, mas nada apanham naquela noite. Jesus está na praia, e quem o descobre e aponta para Simão Pedro é o Discípulo Amado, dizendo: "É o Senhor". Estranhamente, Pedro está nu, e mais estranhamente ele se veste para jogar-se ao mar ao encontro de Jesus. A cena, evidentemente, é simbólica. O mar representa o mundo; a pesca significa a missão. Pedro se veste, e isso recorda a toalha (avental) do Lava-pés. Significa que entendeu que a missão só será autêntica e fecunda se for movida pelo serviço. Simbolicamente, ele se lança à missão disposto a servir. E, logo depois, sobe à barca e arrasta para a terra a rede – sem que se rompa – cheia de 153 peixes grandes.

Vamos interpretar a cena. Usando a veste do serviço, Pedro se agiganta e consegue arrastar sozinho para a terra a rede, sem rompê-la – diríamos, sem cismas. Aquilo que os outros discípulos faziam com dificuldade – arrastar a rede cheia de peixes –, Pedro o faz praticamente sem esforço. Tal é o poder do serviço. O número de peixes representa todos os povos do mundo. Os zoólogos gregos haviam catalogado 153 espécies de peixes. Portanto, se a pesca representa a missão e o mar é símbolo do mundo, o número de peixes quer abraçar todos os povos, na rede que não se rompe.

Pedro começa a encontrar-se, e, na cena seguinte, não restam dúvidas de que se encontra e nos ajuda na busca de uma espiritualidade forte segundo o Evangelho de João. Depois da refeição, Jesus lhe pergunta três vezes: "Tu me amas?" Note-se que as perguntas são feitas tendo como base o amor a Jesus, diríamos, ao *permanecer em*, que o Discípulo Amado já praticava. Simão Pedro até se chateia por causa da tríplice pergunta sobre a mesma questão. Mas acaba compreendendo o que significa amar a Jesus: o amor se traduz em *apascentar o rebanho* que não lhe pertence. O rebanho continua sendo de Jesus. E o que significa apascentar? O texto explica: abrir os braços, ser cingido e conduzido para onde não desejaria. É uma referência à forma como se fazia com os condenados à morte por crucifixão: abrir os braços para receber a trave superior da cruz, ser amarrado com uma corda e conduzido à crucifixão. Nota: Este capítulo foi acrescentado mais tarde ao Evangelho de João, e Pedro já tinha dado a vida pelo rebanho de Jesus, sendo crucificado como o Senhor do rebanho.

De forma surpreendente, é aqui que nasce a vocação de Simão Pedro, visto que o Senhor lhe diz: "Segue-me!" E, finalmente, Pedro é íntimo de Jesus, não precisa mais da mediação do Discípulo Amado, caminha ao lado do Senhor e tem acesso direto a ele, pois pergunta a respeito do Discípulo Amado, que caminha atrás deles.

* * *

Sintetizando. A espiritualidade que brota do tema "Jesus dá a vida livremente" se resume nos seguintes itens:

1. Jesus não pede nada para si. Se quisermos agradar-lhe, façamos o bem às pessoas, amemos o rebanho que lhe pertence desde sempre e para sempre.
2. A melhor forma de amar é servindo. O serviço é o termômetro do nosso amor.
3. Acompanhando a narrativa da paixão segundo João, não devemos descabelar-nos nem nos desesperar. O olhar contemplativo do amor, que vai até as últimas consequências, é o melhor caminho e a melhor atitude.
4. Não pode faltar a gratidão, à semelhança do que fez Maria (capítulo 12) com o perfume: ela queria agradecer a ressurreição do irmão Lázaro.
5. O Discípulo Amado, como figura histórica, morreu. Mas tornou-se símbolo à espera que cada um de nós faça o mesmo.

2. ESPIRITUALIDADE DO DIA QUE NÃO TERMINA

Outro filão para uma espiritualidade da Semana Santa – desta vez incluindo o dia da Ressurreição – emerge da divisão do Evangelho de João em semanas e dias. Essa divisão não é algo que possamos marcar num calendário, como se a atividade de Jesus se reduzisse a duas semanas. É, ao contrário, uma leitura teológica dos acontecimentos, vistos dentro de duas semanas simbólicas, e um dia também simbólico que não se acaba, gerando uma espiritualidade positiva e uma visão igualmente positiva dos acontecimentos, com a vitória final do bem e da vida.

O Evangelho de João pode ser dividido em duas semanas e um dia que não termina. A primeira semana se inicia em 1,19 e se encerra no final do capítulo 11. A segunda semana, mais truncada, começa no início do capítulo 12 e termina no fim do capítulo 19. O dia que não se acaba se inicia no começo do capítulo 20, com a expressão "No primeiro dia da semana...". Vamos ver isso de perto.

Primeira semana

Em 1,19, começa a primeira semana e seu *primeiro dia*. Nele (1,19-28) encontramos o testemunho de João Batista, interrogado por uma comissão investigadora procedente de Jerusalém. Essa comissão é composta de sacerdotes e levitas (os levitas, nessa época, eram a polícia do Templo). João Batista nega três coisas. É seu testemunho negativo: ele não é o Messias (Cristo), nem o Elias esperado, nem o profeta prometido a Moisés. Seu testemunho positivo revela quem ele é: "Uma voz que clama no deserto: 'Endireitai o caminho do Senhor'", e seu batismo é preparação para a chegada daquele que não é conhecido.

Com a expressão "no dia seguinte" (1,29), começa o *segundo dia* (1,29-34), no qual continua o testemunho de João Batista. Ele vê Jesus e o identifica como "o Cordeiro de Deus, que tira o pecado do mundo", e confessa que Jesus é anterior e superior a ele. Em Jesus repousa o Espírito, e ele batiza com o Espírito. O testemunho de João termina afirmando que Jesus é o Filho de Deus.

A expressão "no dia seguinte" (1,35) marca o *terceiro dia*. O testemunho de João Batista acerca de Jesus termina, e, por causa do seu testemunho, dois de seus discípulos (André e um anônimo) abandonam o mestre e seguem a Jesus, permanecendo com ele aquele dia. Não nos interessa aqui examinar muitos detalhes desse Evangelho, pois o interesse está focado na descoberta da primeira semana. André encontra seu irmão, Simão Pedro, e seu testemunho conduz o irmão a Jesus.

Surge novamente a expressão "no dia seguinte" (1,43), marcando o *quarto dia* (versículos 43-51). Nesse dia, Jesus chama Filipe e se encontra com Natanael, de quem pouco ou quase nada sabemos (a tradição o identifica com o apóstolo Bartolomeu).

O capítulo 2 se abre com a expressão "no terceiro dia" ou "três dias depois", e aqui é preciso prestar muita atenção, pois *o terceiro dia depois* coincide com o *sexto dia* da primeira semana (o encontro com Natanael é também o primeiro dia da expressão "três dias depois". O *quinto dia* da primeira semana é o segundo dia da expressão "três dias depois" e não apresenta nenhum conteúdo).

Superada a dificuldade, encontramo-nos diante desta realidade: o *primeiro sinal* (o Evangelho de João não usa a palavra *milagre*), a mudança da água em vinho, num casamento em Caná (erradamente chamado de bodas), acontece no *sexto dia* da primeira semana. Então perguntamos – e isso é extremamente importante –: Por que o evangelista João quis estabelecer essa coincidência? E a resposta é esta: para fazer coincidir com o sexto dia da criação narrado no início do Gênesis. Essa coincidência é fundamental para entendermos o Evangelho de João.

No sexto dia da criação narrada no Gênesis, Deus criou a humanidade. Aqui, em Caná, no *sexto dia* da primeira semana, surge a *nova humanidade*: seu esposo é Jesus. Os detalhes que brotam daqui são inúmeros, mas não é este o lugar para mostrá-los. Simplesmente notamos a intenção do evangelista em estabelecer essa coincidência e vamos adiante.

A transformação da água em vinho no casamento em Caná (2,1-12) é chamada de "princípio dos sinais". Isso significa que deve haver continuidade e também o fim dos sinais. Onde estão? Estão nos sinais que vêm a seguir. O primeiro sinal, portanto, é a mãe de todos os outros. É uma espécie de guarda-chuva, que abriga todos os outros. Em outras palavras, todos os outros sinais acontecem *dentro de um sexto dia simbólico*. E esse *sexto dia simbólico* termina quando termina o *sétimo sinal*, ou seja, no fim do capítulo 11.

Nota-se, em cada um desses sinais, a ausência ou carência de vida. E Jesus, esposo da humanidade, vai pondo vida onde não há vida, vai eliminando as carências.

Os sete sinais são estes: **1.** Mudança da água em vinho no casamento em Caná (2,1-12); **2.** Cura do filho do funcionário real (4,46-54). **3.** Cura do paralítico em Jerusalém, na piscina de Bethzata (5,1-18). **4.** Jesus alimenta a multidão com pão e peixe (6,1-15). **5.** Jesus caminha sobre as águas (6,16-21). **6.** Cura do cego de nascença (capítulo 9). **7.** Ressurreição de Lázaro (capítulo 11).

Em todos eles, ressoa aquilo que Jesus disse em 5,17: "Meu Pai trabalha até agora e eu também trabalho". No tempo de Jesus, discutia-se muito se de fato a criação havia sido terminada no sexto dia da criação, e no sétimo dia Deus teria descansado. Uns diziam sim, outros, não.

Jesus garante que ele e o Pai fazem e refazem continuamente a criação. Esta saiu perfeita das mãos do Criador, mas o ser humano sempre estragou aquilo que Deus fez.

No final do capítulo 20, o evangelista mostra o objetivo pelo qual os sinais foram escritos: suscitar a fé em Jesus Cristo, Filho de Deus, a fim de alcançar a vida. Você pode percorrer os sete sinais observando como isso acontece e como, em alguns deles, há pessoas que não creem e provocam a morte de Jesus.

Segunda semana

A segunda semana começa no início do capítulo 12 e aparece truncada. Além disso, a contagem dos dias é regressiva. Em 12,1, encontramos a expressão "seis dias antes da Páscoa". Nesse dia, Maria, irmã de Lázaro, unge com perfume caro os pés de Jesus, enxugando-os com os cabelos. Em 12,12, encontra-se a expressão "no dia seguinte", ou seja, cinco dias antes da Páscoa. Em 13,1, estamos num novo dia. Em 18,28, acha-se a expressão "era de manhã", portanto, novo dia. Em 19,1, lemos: "Como era a Preparação (da Páscoa judaica), os judeus, para que os corpos não ficassem na cruz durante o sábado...".

Traduzindo para nossa linguagem, temos esta cronologia: Na segunda-feira da Semana Santa, Jesus é ungido em Betânia. Na terça-feira, ele entra em Jerusalém. A quarta-feira não tem conteúdo. Na quinta-feira, Jesus celebra a ceia durante a qual lava os pés dos discípulos, é preso e levado à presença dos Sumos Sacerdotes, à noite. Na sexta-feira, é conduzido a Pilatos, crucificado, morto e sepultado. Essa reconstrução é importante e podemos intuir o objetivo do Evangelho de João. Ele quer mostrar que, quando no Templo de Jerusalém começa a matança dos cordeiros pascais, o verdadeiro Cordeiro já havia sido imolado. De fato, basta comparar o que diz Êxodo 12,46 a respeito do não quebrar nenhum osso do cordeiro pascal com o fato de Jesus não ter as pernas quebradas. A intenção do evangelista é explícita: o nosso Cordeiro imolado é Jesus Cristo, e sua Páscoa substitui a páscoa judaica.

O dia que não termina

No início do capítulo 20, encontramos esta expressão: "No primeiro dia da semana", que corresponde ao domingo, é o dia da ressurreição, celebrado desde cedo pelos cristãos como dia santo (Apocalipse 1,10; 1 Coríntios 16,2). Diferentemente de Lucas, que faz o Pentecostes acontecer no mesmo dia em que os judeus celebravam a mesma festa – 50 dias após a Páscoa –, para o evangelista João a efusão do Espírito Santo aconteceu na tarde do domingo da ressurreição. Isso é demonstrado em João 20,22, quando Jesus sopra sobre os discípulos e lhes diz: "Recebei o Espírito Santo". Tendo-o recebido, os discípulos estão qualificados para a mesma missão de Jesus: "Como o Pai me enviou, também eu vos envio".

Tomé não estava com os discípulos quando Jesus ressuscitado apareceu pela primeira vez. O evangelista, então, narra o episódio de Tomé, que acontece "oito dias depois", ou seja, estamos novamente no domingo. É daqui que nasce a expressão "O dia que não termina", e esse dia é o domingo. No Evangelho de João, tudo acontece no domingo, dia em que celebramos a vitória da vida sobre a morte. Nasce, assim, uma espiritualidade alimentada pelo domingo, dia que aos dias dá valor.

A Liturgia nos ensina que todo domingo é Pascoa. O Evangelho de João vai mais longe e dá a entender que todos os dias, cada dia em particular, é Páscoa. É vitória da vida sobre a morte, é vitória da esperança sobre o desespero, é vitória da coragem contra o medo.

Não é fácil viver continuamente nesse alto astral, na visão positiva e de crescimento do bem sobre o mal. No entanto, apesar das aparências, a espiritualidade do dia que não termina não nos permite pensar de forma diferente. Ela nos ensina a termos uma visão do bem em progressão contínua. Dia após dia o bem vence o mal. O mal fica mais fraco e o bem se torna sempre mais forte.

No tempo em que foi escrito o Evangelho de João, pensava-se que a história fosse cíclica, ou seja, que os acontecimentos, bons ou ruins, fossem se repetindo. A espiritualidade do dia que não termina, isto é, a espiritualidade do domingo mostra-nos que a história tem um desenvolvimento linear para frente, pois é impelida pela força do Ressuscitado. Aquela força que levou Jesus a vencer a morte no dia da ressurreição continua agindo em nossa história com a mesma intensidade do primeiro dia. Apesar dos percalços individuais ou sociais, a espiritualidade do dia que não termina nos enche, a cada manhã, de sentimentos positivos e, no fim de cada dia, coroa-nos como vitoriosos. A cada manhã ela nos convida a dizer, inspirados no apóstolo Paulo: "Ó morte, onde está tua vitória? Cristo ressurgiu, honra e glória".

Essa visão positiva da história, na qual o bem vai vencendo o mal pela força do Ressuscitado, está presente também no Apocalipse, livro que nasceu nas mesmas comunidades que nos deram o Evangelho de João. No capítulo 5, faz-nos ver o Cordeiro (Jesus) de pé como que imolado, recebendo daquele que está sentado no trono (Deus) o livro totalmente escrito, porém lacrado com sete lacres. Esse livro é a nossa história, cheia de acontecimentos, e o Cordeiro que, por ter vencido a morte, é capaz de romper os lacres e permitir a leitura da história. A chave de leitura da história é a vitória do Cordeiro. Lendo-a com essa chave, ela se torna positiva e recebe direcionamento para frente. É por isso que no capítulo 5 do Apocalipse, quando o Cordeiro vencedor da morte recebe o livro da história, começa uma grande celebração no céu, estendendo-se por todo o universo. Ela celebra Aquele que está sentado no trono, pois a história tomou rumo novo a partir da vitória do Cordeiro sobre a morte.

Quem vive a espiritualidade do dia que não termina não se deixa abater por nada nem por ninguém. Mesmo à beira da morte física pode cantar aleluias, pois, como disse uma santa prestes a morrer: "Não morro, entro na vida".

* * *

A ressurreição de Cristo inaugurou novo tempo, nova perspectiva da história. Pôs em nosso coração uma certeza inabalável, a certeza de que, finalmente, a vida triunfou e continuará triunfando até a completa vitória sobre o mal e a morte. Recordando o final do Apocalipse

– a visão da Nova Jerusalém –, podemos estar certos de uma coisa: o paraíso terrestre não é um passado distante, não está às nossas costas, de sorte que, à medida que caminhamos, afastamo-nos dele sempre mais. Não! Ele está à nossa frente, como meta, e, à medida que caminhamos, aproximamo-nos dele sempre mais. Não é saudade, mas esperança. Não ilumina o passado para aumentar nossa saudade, mas clareia o caminho à nossa frente, enchendo-nos de coragem e esperança.

3. Espiritualidade do homem novo

A narrativa da paixão segundo João nos proporciona ainda aquilo que podemos chamar de espiritualidade do homem novo, do novo Adão. Nesse Evangelho, são muitos os contatos com o livro do Gênesis e, mais especificamente, com as narrativas da criação. É como se houvesse uma ponte entre os dois livros, e os textos circulassem livremente, indo e vindo de uma extremidade a outra. Não é sem motivo que Gênesis e Evangelho de João começam com as mesmas palavras "No princípio...", nem é coisa fortuita.

Assim sendo, podemos dizer que Jesus, no Evangelho de João, é o novo Adão, criador do homem novo. Exemplo disso pode ser encontrado no capítulo 9, no episódio da cura do cego de nascença. Como Jesus cura o cego? Fazendo lama com a saliva e ungindo os olhos dele com esse barro. A cena recorda imediatamente a segunda narrativa da criação, quando Deus plasma do solo o ser humano. Outro exemplo: No Gênesis se diz que Deus sopra nas narinas do ser humano plasmado do solo, e, desse sopro, surge o ser vivo. Jesus ressuscitado, por sua vez, sopra sobre os discípulos e comunica-lhes o Espírito Santo.

Como podemos imaginar, os contatos entre os dois livros são inúmeros, e assim passamos ao tema proposto.

A narrativa da paixão segundo João começa e termina num jardim. O Evangelho de João evita especificar mais: omite, por exemplo, a identificação com Getsêmani. Isso porque deseja criar um laço com o jardim do Éden, o paraíso terrestre. Nós aceitamos essa identificação. Assim como Adão habitava num jardim, Jesus se reunia com frequência nesse jardim. Em Éden o homem sucumbiu à tentação. No jardim, Jesus vencerá a serpente. A tentação de Adão é esta: "Vós sereis como deuses". No jardim, Jesus se apresenta dizendo "Sou eu". Aqueles que o estavam prendendo recuam e caem por terra. Como entender isso? No Evangelho de João, a expressão "Sou eu" ou "Eu sou", dita por Jesus, quase sempre remete ao Nome de Deus revelado a Moisés: "Eu sou aquele que sou". "Eu sou", portanto, é resumo do nome divino, e essa expressão põe Jesus em pé de igualdade com Deus (veja, por exemplo, o capítulo 8 de João). O recuo e queda dos guardas representam, portanto, a derrota deles, a derrota da serpente. Em síntese, podemos afirmar que, no jardim onde Adão é derrotado, Jesus é vencedor. Por isso pode ser chamado novo Adão, homem novo.

Lida na perspectiva do homem novo, a narrativa da paixão segundo João tem seu centro em 19,5. Aí, Pilatos apresenta Jesus à multidão dizendo: "Eis o homem". Jesus traz a coroa de espinhos e está vestido com o manto de púrpura. Os chefes dos sacerdotes e os guardas pedem para que seja crucificado. Coroa e manto são insígnias da realeza, de acordo com critérios humanos e convenções humanas. Jesus nunca usou coroa, e, no entanto, todos os Evangelhos o reconhecem e proclamam-no rei. Do manto ele se despojou e vestiu-se com uma toalha (avental), símbolo do serviço até a doação total da vida. De sorte que coroa e manto não representam sua realeza. Jesus nunca reivindicou para si coroa e manto como sinais de sua realeza. O que representam então? Podem ser caçoada irônica dos poderes humanos. Em outras palavras, quem merece coroa de espinhos e manto de púrpura são os poderosos que oprimem e tiram a vida das pessoas.

Coroa e manto não representam a realeza de Jesus e não conseguem caçoar de sua realeza, que não é deste mundo, ou seja, não adota os padrões usados pelos poderosos.

"Eis o homem." Para Pilatos, um misto de deboche e desprezo. Para quem crê, uma profissão de fé no homem novo, despojado de prerrogativas, despojado do poder humano, despojado de tudo aquilo que é tentação da serpente. Para quem crê, homem novo, protótipo de todo ser humano que deseja ser verdadeiramente humano. É a vitória do despojamento sobre a concentração, é a vitória da mansidão sobre a truculência, do pequeno sobre o grande, do fraco sobre o poderoso, da humilhação sobre a vanglória.

O homem novo é morto e sepultado num jardim. Mas como o grão de trigo, que é escondido no seio da terra, ressurge vitorioso para a vida que não se acaba. A espiritualidade do homem novo não se funda nas aparências do forte, nem se camufla com as vestes do poder. Reveste-se simplesmente da força de Jesus vencedor sem armas, vitorioso porque despojado de todo poder, confiante unicamente na força do despojamento e do poder de vida que o grão de trigo encerra em si.

IV

PERSONAGENS E SEUS OBJETIVOS NA HISTÓRIA DA PAIXÃO SEGUNDO JOÃO

Neste capítulo, apresento breve perfil dos personagens que intervêm na história da paixão e morte do Senhor Jesus. Trata-se de identificá-los preferencialmente nos capítulos 18 e 19 do Evangelho de João, a fim de descobrirmos quais são seus objetivos na trama desses acontecimentos. Evidentemente, omitimos a personagem principal, Jesus, por motivos óbvios.

Pilatos

No tempo de Jesus, a Palestina – dominada pelos romanos desde o ano 63 antes de Cristo – estava dividida em três partes: Galileia, Samaria e Judeia. Os romanos dominavam tudo, mas mantinham para alguns judeus seus títulos de nobreza. Assim era mais fácil dominar todo o povo judeu, pois suas lideranças judias, para se manterem no poder, faziam as vontades dos dominadores. Foi assim com o grande Herodes, o matador que, para conservar o poder, matava inocentes, esposas e quem quer que fosse, sem pestanejar. Morto o velho Herodes, seu filho Herodes Antipas assumiu o poder sobre duas partes da Palestina, Galileia e Samaria. A outra região – Judeia – passou a ser governada por um administrador romano. Um desses administradores – também chamados de prefeitos, procuradores ou governadores – foi *Pôncio Pilatos*. Ele governou a Judeia do ano 26 ao 36. Violento e truculento, não respeitou o povo judeu e tornou-se o personagem central na execução de Jesus.

Alguns episódios o tornaram especialmente odioso ao povo judeu, pois eram ações que feriam profundamente suas tradições religiosas. O Evangelho de Lucas conta que certa ocasião ordenou assassinar dezenas de samaritanos enquanto ofereciam sacrifícios no Templo de Jerusalém. Saqueou o tesouro do Templo para construir obras públicas. Os romanos o condecoraram com o título "Amigo de César".

Para conhecê-lo um pouco mais, vamos ver o que diz o Evangelho de João. Você pode notar o nervosismo dele nas múltiplas entradas e saídas, revelando um espírito irrequieto que tinha em mãos uma batata quente, um abacaxi para descascar. Por três vezes declarou que Jesus era inocente. Mesmo assim, decretou a morte dele. Por quê?

Para entender isso, é preciso levar em conta a função do Supremo Tribunal dos judeus, também conhecido como Sinédrio ou Grande Conselho. Este, há tempo, havia decidido que Jesus devia morrer. Mas nessa época, os romanos dominadores haviam tirado do Sinédrio o poder de executar alguém (se não houvesse esse impedimento, Jesus teria sido morto a pedradas, a modalidade judaica de executar uma pessoa). O jeito, então, era pressionar de todas as formas o governador, a fim de que consentisse, embora o declarando inocente. E o tendão de Aquiles de Pilatos era seu título "Amigo de César". As autoridades judaicas disseram: "Se o soltas, não és amigo de César". Ou seja, com a perda do título viriam as consequências: perda do poder, da confiança nele depositada pelo imperador, perda das honrarias, dos favores e, talvez, coisas piores. No ano 36, foi chamado a Roma para se justificar, sendo assassinado violentamente.

Quando Pilatos ouviu isso, seu coração – que estava no bolso – estremeceu. Então, para não perder o poder, as regalias, os benefícios vindos do título, decretou que Jesus fosse crucificado. O poder é cego e, quando associado a regalias e privilégios, acaba sendo mortal. Ironicamente, Pilatos, ao redigir em três línguas o letreiro que foi fixado na cruz, revelou uma verdade fundamental: o Crucificado é Rei Universal. Isso foi dito por trás dos três idiomas: hebraico (isto é, aramaico): língua falada por Jesus, a língua do lugar; latim: a língua dos dominadores; grego: a língua internacional daquela época. Os chefes dos sacerdotes não queriam que se fizesse tal proclamação, mas Pilatos não voltou atrás.

A última vez que Pilatos aparece na narrativa da Paixão de Jesus também provoca uma revelação. Para apressar a morte dos crucificados, quebravam-se as pernas, mas, quando os soldados chegaram a Jesus, ele estava morto, e suas pernas não sofreram fraturas. Como vimos acima, esse fato é muito importante, pois também o cordeiro pascal consumido na Páscoa judaica não podia ter fraturas. O olhar da fé fez logo a transposição: Jesus é o verdadeiro Cordeiro pascal, como já havia sido indicado por João Batista no começo do Evangelho de João.

Herodes Antipas

Há no Novo Testamento quatro Herodes: aquele que é chamado Grande (o matador dos inocentes, de esposas e filhos), que morreu no ano 4 antes de Cristo. Seu filho Herodes Antipas (o matador de João Batista e protagonista na história da paixão de Jesus, conforme o

Evangelho de Lucas); Herodes Agripa I (também matador. Mandou matar Tiago, irmão do Senhor, e pretendeu eliminar Pedro; veja Atos dos Apóstolos 12,1ss), falecido no ano 44. Herodes Agripa II (anos 48-95 depois de Cristo). É aquele que se faz presente na vida do apóstolo Paulo. Interessa-nos examinar o segundo dessa série, Herodes Antipas, pois é ele quem comparece na narrativa da paixão segundo Lucas. "Governava" a Galileia e a Samaria, tendo sua sede na cidade de Cesareia junto ao mar.

Tinha um palácio em Jerusalém, para onde se dirigia por ocasião das grandes festas judaicas, como aconteceu quando Jesus foi preso e executado. O Evangelho de Lucas nos informa que estava em Jerusalém, e Pilatos enviou-lhe o prisioneiro Jesus. O "rei" Herodes Antipas desejava ver o Senhor há tempo, por curiosidade, talvez presenciando um milagre dele, mas ficou decepcionado, pois recebeu o silêncio como resposta. Debochou de Jesus, devolvendo-o a Pilatos. Lucas mostra que os dois se tornaram amigos a partir desse dia.

Sinédrio

Também conhecido por outros nomes – Grande Conselho – era o tribunal supremo dos judeus. Compunha-se de 70 membros, sendo presidido pelo Sumo Sacerdote.

Este, na época de Jesus, já não passava de pai para filho. Era um cargo posto à venda e nomeado pelos romanos dominadores. Por isso suas sentenças nunca traziam o caráter da imparcialidade. Participavam desse Conselho o Sumo Sacerdote em exercício e os "aposentados", os anciãos, isto é, os mais velhos dentre a classe nobre e doutores da Lei. Foi essa instância que condenou Jesus à morte, sem contudo poder executar a sentença. Isso consta na declaração de João 18,31: "Não nos é permitido condenar ninguém à morte".

Anás

Nomeado Sumo Sacerdote no ano 6 e deposto no ano 15. Pessoa muito influente e poderosa, conseguiu que cinco filhos seus e seu genro Caifás recebessem o Sumo Sacerdócio. O Evangelho de João mostra Jesus preso e conduzido primeiramente a Anás. Isso comprova que, mesmo deposto, exercia forte influência.

Caifás

Exerceu o cargo de Sumo Sacerdote entre os anos 18 e 37. Casado com uma filha de Anás, sofreu a influência do sogro que, de certa forma, manipulava-o. O Evangelho de

João registra uma "profecia" de Caifás: "Não compreendeis que é de vosso interesse que um só homem morra pelo povo e não pereça a nação toda?" (João 11,50). Para ele, a condenação e morte de Jesus foi o mal menor. Nota-se a preocupação em relação aos dominadores romanos: ele aceita a dominação, e alguém tem de pagar com a vida para que não aconteça coisa pior. Mateus 26,3-5 mostra que Caifás exerceu papel importante na conspiração contra o Senhor.

Chefes dos sacerdotes

Para organizar e coordenar o pessoal e as atividades do Templo, havia um grupo de chefes dos sacerdotes, por exemplo, o chefe da polícia do Templo, o chefe das atividades ligadas ao tesouro etc. Foram eles que escolheram os guardas que, junto com a coorte, foram à noite prender Jesus.

Coorte

Décima parte de uma legião de soldados romanos. O número de soldados de uma legião variava entre mil e oito mil. De qualquer forma, percebe-se que o número dos que foram prender Jesus era considerável. Coorte e guardas deviam formar várias dezenas, até centenas.

Tanta exibição de força só pode revelar o medo de quem mandou prendê-lo. Revela-se fraco na ostentação de força que procura intimidar.

Judas Iscariotes

Judas, anteriormente chamado de ladrão, comanda esse pequeno exército armado que vai prender um inocente. O Evangelho de João não menciona o beijo de Judas em Jesus como senha para que fosse preso. É o próprio Jesus que se adianta e apresenta. As primeiras palavras de Jesus no Evangelho de João (1,38) são estas: "Que procurais?" A mesma pergunta retorna nesse momento crucial e revela o desfecho de uma opção errada que Judas fez. Em outras palavras, torna-se agora claro aquilo que Judas buscava desde o começo. Nossa vida é feita de buscas, e cedo ou tarde os frutos dessa busca vêm à tona, mostrando plenamente quem somos a partir de dentro, a partir do mais íntimo do nosso ser.

Simão Pedro

De Pedro, quase sempre chamado de Simão Pedro, já falamos acima. Mas restam dois episódios dentro da narrativa da paixão a serem considerados. O primeiro acontece no jardim. Ele anda armado de espada. Está armado também na sua psique, sentimentos, pois não se desarmou no episódio do Lava-pés, quando devia ter aceitado que o Senhor se fizesse servo, para assim acompanhar como discípulo o Mestre que vai dar a vida. Diante de Jesus, que se apresenta livremente, saca a espada e decepa a orelha do servo do Sumo Sacerdote. Considera a violência como solução dos problemas.

O outro episódio – já parcialmente apresentado – acontece no palácio do Sumo Sacerdote. Lá dentro Jesus declara que seus discípulos poderiam e deveriam dar testemunho daquilo que o Mestre ensinou e realizou. Cá fora, onde se encontra em companhia da tropa, Pedro nega ser discípulo. As três negações estão entrelaçadas com a declaração de Jesus. Assim: 1. Pedro passa pela porta negando ser discípulo de Jesus; 2. Jesus declara que os discípulos dele estão aptos para o testemunho; 3. Pedro nega pela segunda vez; 4. Pedro nega pela terceira vez. Nas duas primeiras, ele nega ser discípulo; na terceira, ter estado com Jesus no jardim.

Malco, a porteira, o guarda da bofetada, os guardas

São personagens menores. Malco teve a orelha direita decepada pela espada de Pedro; a porteira interroga Pedro, e ele nega ser discípulo de Jesus; os guardas repetem a pergunta, e um deles declara tê-lo visto com Jesus no jardim. Malco, a porteira e os guardas demonstram estar a serviço de um poder que mata inocentes. Estão cegados pelo poder que os mantém cegos. No capítulo 15 do Evangelho de João, Jesus mostra que a meta de todo ser humano é passar de servo a amigo, de pessoa estranha a confidente de Jesus. Pode-se ler simbolicamente a cena em que Simão Pedro decepa a orelha direita do servo do Sumo Sacerdote. Assim: O Sumo Sacerdote, na sua consagração, tem o lóbulo da orelha direita ungido com sangue; cortar a orelha direita significaria então ruptura com o sacerdócio exercido pelo Sumo Sacerdote. O nome do servo – Malco – significa "rei" ou algo semelhante. Seria uma homenagem à realeza de Deus? Pobre realeza! Jesus é, evidentemente, rei. Declaram-no todos os Evangelhos. Porém sua realeza ultrapassa e anula a realeza defendida pelo Sumo Sacerdote. Atenção especial merece o guarda que bateu em Jesus. Agride sem motivo, a ponto de Jesus reagir, provocando-o a tomar consciência do seu gesto e, mais ainda, das motivações que estão por baixo do gesto. Ele demonstra ser defensor do Sumo Sacerdote nos mínimos detalhes, como se fosse alguém intocável e revestido de sacralidade.

Os judeus

Quando se lê o Evangelho de João, é preciso muita atenção, pois a palavra "judeus", na maioria das vezes, não representa o povo judeu na sua totalidade, mas apenas as lideranças judaicas, detentoras do poder político, econômico e religioso. De modo geral, quando a palavra "judeu" aparece em contexto positivo – ou seja, quando não está numa situação de conflito –, pode ser aplicada a todo o povo. Por exemplo: Jesus afirma que a salvação vem dos judeus. Nesse caso, trata-se do povo judeu em geral. Mas quando o contexto é marcado pelo conflito, normalmente, deve-se entender as autoridades judaicas. Não foi o povo judeu quem matou Jesus. Foram as autoridades judaicas com o consentimento e a permissão do poder romano dominador.

Barrabás

Com alguma pequena diferença, os Evangelhos estão de acordo em apresentar Barrabás como bandido. De acordo com costume antigo, por ocasião de Páscoa, costumava-se dar indulto a um prisioneiro. Barrabás foi apresentado como alternativa. A expectativa de Pilatos era que Jesus fosse o escolhido, mas as autoridades judaicas preferiram o bandido. É ato revelador das opções das autoridades: optaram pela violência, pediram liberdade para o violento e condenação do inocente. Não se sabe por que Barrabás foi preso. Talvez por participar (ou liderar) uma das muitas revoltas contra a dominação romana.

Os dois crucificados com Jesus

Diferentemente dos outros Evangelhos, não se qualificam de bandidos ou malfeitores os dois que foram crucificados com Jesus. Nem se diz "à direita" e "à esquerda", pois denotaria hierarquia. Por quê? A razão é esta: para o evangelista João, a cruz é o trono do Rei Jesus. Ao lado dele, estavam seus amigos ou seguidores, que fizeram da própria vida um serviço aos irmãos.

As três mulheres junto à cruz e o Discípulo Amado

Já se falou tanto desse episódio, que nos resta apenas alguma consideração. As pessoas que estão junto à cruz entendem perfeitamente o que Jesus pede. Entendem que ele dá livremente a vida, não exige que alguém morra com ele; simplesmente pede para ser acompanhado com amor, como fez até aqui o Discípulo Amado. A partir desse momento, surge a verdadeira família de Jesus: essas pessoas se acolhem mutuamente e constituem família. Simbolicamente, a relação entre a Mãe de Jesus e o Discípulo Amado pode ter este significado: Visto que no Evangelho de João a Mãe de Jesus nunca é chamada pelo nome (Maria), ela ultrapassa os limites do real e se torna figura simbólica. A Mãe de Jesus – é preciso recordar – pertence ao Antigo Testamento, à primeira Aliança. Representa, portanto, o povo judeu que, fiel a Deus, demonstra fidelidade a Jesus. O Discípulo Amado representa os cristãos, que aceitam Jesus como Aquele que o Pai enviou. Judeus e cristãos têm, portanto, uma vocação comum: ser irmãos e constituir a família do Senhor.

O soldado que traspassa o lado de Jesus

Lido superficialmente, o gesto desse soldado não passa de uma espécie de certificado de óbito: é para estar certo de que o condenado morreu. Mas o Evangelho de João vê aí algo extraordinário: do lado traspassado saem sangue e água. Muito foi dito e escrito acerca desse episódio. Aqui queremos associar o fato ao começo do capítulo 13, quando se afirma que Jesus amou até as últimas consequências. Naquele tempo, quando de uma machucadura saía sangue e a seguir plasma, acreditava-se que naquela parte do corpo não houvesse mais sangue.

Ora, para o povo da Bíblia, a vida está no sangue. Disso o Evangelho de João tira uma importante lição: A vida de Jesus – contida no sangue – foi totalmente entregue. Ele nada reservou para si, doou-se plenamente.

José de Arimateia e Nicodemos

Além de pessoas físicas, são figuras simbólicas, ou seja, representam um grupo de pessoas e seu modo de agir. O Evangelho de João afirma que José de Arimateia era secretamente discípulo de Jesus, pois temia as autoridades dos judeus. Mas as comunidades ligadas ao apóstolo João não poupavam críticas a essas pessoas que brincavam de "amigo secreto" com o Senhor. No capítulo 15, Jesus chama seus discípulos de "amigos", mas, ao mesmo tempo, depositários do projeto de Deus, ou seja, ramos que permanecem unidos à videira e produzem frutos. A consequência desse "discipulado secreto" é grave: José de Arimateia chega tarde demais, e o único socorro que pode prestar a Jesus é sepultá-lo.

Nicodemos tem trajetória semelhante. Ele aparece nos capítulos 3, 7 e aqui. No capítulo 3, à noite, escondido, vai procurar Jesus. Aí se diz que ele é pessoa importante no ambiente judaico, um mestre em Israel, semelhante a Moisés. Jesus lhe propõe mudança radical, representada pelo "novo nascimento". Nicodemos precisa com urgência fazer opções radicais em sua vida, a fim de não se tornar conivente com a morte de Jesus. Nesse aspecto é figura representativa: é a imagem de todos os que pretendem servir a Jesus, mas permanecendo ligados a uma organização injusta, de morte... No final do capítulo 7, as coisas ficam mais claras. Aí se mostra que Nicodemos é membro do Sinédrio, o supremo tribunal que condena Jesus à morte. Ele tenta defender Jesus, sem sucesso. Tem de fazer urgentemente uma escolha: abandonar o Sinédrio, arcando com as consequências, ou permanecer nele e tornar-se responsável pela morte do inocente. Ele se debate nesse dilema até o fim. O resultado final revela que não mudou. Encontra-se pela terceira vez com Jesus, porém o Mestre já foi morto. Nicodemos tenta amenizar a situação e tranquilizar a própria consciência, proporcionando a Jesus um enterro de rei: mais de 30 quilos de aromas. Porém isso não apaga sua responsabilidade: continua sendo membro de uma organização que mata.

A marca FSC® é a garantia de que a madeira utilizada na fabricação do papel deste livro provêm de florestas que foram gerenciadas de maneira ambientalmente correta, socialmente justa e economicamente viável.

Este livro foi composto com as famílias tipográficas Cinzel e Adobe Caslon Pro e impresso em papel offset 63g/m² pela **Gráfica Santuário**.